Heimerans Kochbuchreihe für Genießer

COCKTAIL-HAPPEN
UND PARTY-SNACKS

Von Maria Horváth
Kochbuchverlag Heimeran

Einband und Illustrationen von Gerhard Oberländer
Fotos: Contactbüro, Frau Antjes Feinschmecker-Studio, Christian Teubner

INHALTSVERZEICHNIS

DIE COCKTAIL-PARTY

hat sich als eine Form der Gastlichkeit überall eingebürgert, wo es viele Gäste gibt und wenig Zeit, also auch bei uns. Mit „Hahnenschwänzen", wie ihr Name besagt, hat sie bekanntlich nichts zu tun. Der „Cocktail" wurde in der Neuen Welt erfunden und tauchte als Bezeichnung für ein alkoholisches Mischgetränk erstmals zu Beginn des 19. Jahrhunderts auf. Die Etymologie des Wortes hat sich wie so manche andere Etymologie im historischen Dunkel verloren. Sei es, daß der „Cocktail" vom bunten Farbengemisch des Hahnenschwanzes oder vom französischen Wort für Eierbecher, „coquetier", inspiriert wurde, jedenfalls verstehen wir unter einer Cocktail-Party eine stehende Gesellschaft, einen Stehkonvent, der zu jeder Tageszeit stattfinden kann: am (späteren) Morgen, am Nachmittag und Abend. Meist ist ein Zeitraum festgesetzt, zwei Stunden etwa, innerhalb deren der Gast kommen und gehen kann, wann es ihm beliebt. Pünktlichkeit ist kein Gebot, aber wer die Gastgeber nicht verstimmen will, wird sich nicht allzu lang nach dem festgesetzten Ende verabschieden. In angelsächsischen Ländern gilt in solchen Fällen die Regel: „Don't outstay your welcome" – Bleib nicht länger, als du willkommen bist.

Weil also für Sitzgelegenheiten nicht gesorgt werden muß, lassen sich so viele Gäste in einem Raum unterbringen, wie bequem oder unbequem stehend Platz finden. Der Gast pendelt, Glas, Zigarette,

Happen geschickt in der Hand balancierend, von einer plaudernden Gruppe zu anderen; so kann er innerhalb kurzer Zeit viele alte Bekanntschaften erneuern, viele neue schließen und sich vor unliebsamen Begegnungen schützen, indem er unbemerkt und ganz natürlich im Gedränge untertaucht und dabei ein frisches Gläschen ergattert oder ein neues Häppchen probiert.

Zur Bereitung appetitlicher und origineller Cocktail-Happen brauchen die Gastgeber in erster Linie Geschmack und gute Einfälle. Was oft der Geldbeutel nicht schafft, vermag die Phantasie, die sich hier ausleben kann wie auf keinem anderen Gebiet der Küchenkunst. Die Platten der Cocktail-Party sind Miniaturkunstwerke der Gastronomie – winzige Leckerbissen, die ohne Teller und Besteck verzehrt werden. Man greift einfach mit den Fingern zu und behilft sich höchstens mit einer Papierserviette oder bunten Cocktailspießchen. (Einfache Zahnstocher tun denselben Dienst.) Vor allem dürfen die Platten nicht eintönig wirken. Darum bietet man, je nach Anzahl der Gäste und dem Aufwand der Party, am besten mehrere Sorten von Happen, damit die Gäste nicht allzu sehr auf Nüsse, Oliven und Chips, also fertig gekaufte Dinge, angewiesen sind. Kalt servierte Gerichte kann man Stunden vorher oder sogar schon am Vorabend zubereiten. Das gilt auch für die warmen Happen, die allerdings erst kurz vor dem Auftragen zu backen sind.

In diesem Buch sind ausgewählte internationale Spezialitäten der Cocktail-Küche zusammengestellt. Auf allzu bekannte Rezepte, wie die Sandwichtorte oder den gefüllten Cocktailwecken, wurde verzichtet, statt dessen sind originelle Rezepte aufgenommen, die jeder nach eigenem Geschmack variieren kann. Mit diesem Repertoire lassen sich viele Parties geben, ohne daß man zur Wiederholung gezwungen ist. Das schließt nicht aus, daß ein besonders gelungener Leckerbissen, der gewissermaßen zur Spezialität des Hauses geworden ist, beliebig oft serviert werden kann. Mancher „Stammgast" freut sich vielleicht schon im voraus auf die berühmte Köstlichkeit.

Noch zwangloser und moderner als die Einladung zur Cocktail-Party ist die Aufforderung: „Come to have a drink" – Komm, oder kommen Sie auf ein Gläschen. Dazu ist es nicht nötig, wie bei der Cocktail-Party, einige Tage vorher Einladungen auszuschicken, sondern der „Drink" kommt meist ganz spontan zustande. Man will mit einem Geschäftsbekannten in häuslicher, gelockerter Atmosphäre ins Gespräch kommen, einen guten Freund oder einen Freundeskreis empfangen, ohne sich in Unkosten oder zeitraubende Vorbereitungen zu stürzen. Zur Bewirtung der Gäste genügen improvisierte Kleinigkeiten, die ein Minimum an Vorrat erfordern: Brot, Butter, Eier, Schinken, Anchovis, ein paar Konservendosen, dazu je nach Jahreszeit Tomaten, Radieschen, Paprikaschoten, Gurken. Aus solchen einfachen Zutaten lassen sich ohne Mühe schmackhafte „Snacks" bereiten.

Noch ein kleiner Tip. Wenn Sie vermeiden wollen, daß Ihre Zimmerpflanzen am Ende der Party wie lebendige Aschenschalen aussehen, stellen Sie in bequemer Reichweite viele Aschenbecher auf. Und nun viel Vergnügen!

CREMES, FÜLLUNGEN, BUTTERMISCHUNGEN

Für viele der nachfolgenden Rezepte werden dieselben Grundmaterialien verwendet. Deshalb möchten wir diese mit all ihren Variationen vorweg geschlossen aufführen.

CREMES FÜR FÜLLUNGEN

Die folgenden Rezepte sind geeignet als Füllungen für Cocktail-Semmeln, Cocktail-Stangen, Cocktail-Brioches, Kräckers, Torteletten sowie für Kirschen, Weintrauben, Cornichons, schwarze oder grüne Oliven, Pflaumen usw.

Geräucherte Zungen-Creme 100 g durch den Wolf gedrehte geräucherte Zunge, 25 g Butter, 2 EL dicke kalte Béchamelsauce glattrühren.

Schinken-Creme 100 g feingehackter gekochter magerer Schinken, 25 g Butter, 2 EL dicke kalte Béchamelsauce glattrühren.

Hühner-Creme 100 g feingehackte Hühnerbrust (gekocht oder gebraten), 25 g Butter, 2 EL dicke, kalte Béchamelsauce glattrühren.

Trüffel-Creme 50 g Trüffel aus der Dose gewiegt, 100 g Butter, 1 EL dicke kalte Béchamelsauce glattrühren.

Fisch-Creme 150 g gekochtes, feingehacktes Fischfilet, 50 g Butter, 4 EL dicke, kalte Béchamelsauce glattrühren.

Herings-Creme 2 feingehackte geräucherte Heringsfilets, 1 feingehackte Anchovis, 1 Teelöffel scharfer Senf, 2 hartgekochte, zerdrückte Eier, 100 g Butter glattrühren.

Sardinen-Creme 3 enthäutete, entgrätete, zerdrückte Ölsardinen, 50 g Butter, 1 TL Sardellenpaste, 2 EL dicke, kalte Béchamelsauce glattrühren.

Käse-Creme 50 g Butter, 50 g Brinsen (weicher Schafskäse), 50 g geriebener Emmentaler, 1 TL edelsüßer Paprika, 1 TL feingehackte Kapern, $^1/_2$ Tasse Sahne, Salz glattrühren.

Leberwurst-Creme 150 g Kalbsleberwurst, 50 g Butter, $^1/_2$ Tasse Sahne, Pfeffer glattrühren.

Gänsegrieben-Creme 200 g Gänsegrieben und 2 hartgekochte Eier durch den Wolf drehen, 1 TL scharfer Senf, 1 TL geriebene Zwiebel, Salz glattrühren und mit Zitronensaft abschmecken.

Gänseleber-Creme 150 g rohe Gänseleber feinhacken, 30 g Gänsefett und $^1/_2$ Tasse sauren Rahm dazugeben, salzen. Im Wasserbad unter ständigem Rühren zu dicker Creme kochen. Abkühlen lassen.

Avocado-Creme Das Fruchtfleisch von 2 Avocados herauslöffeln, mit 4 EL Mayonnaise, Salz, Pfeffer, 1 TL geriebenen Zwiebeln und Zitronensaft verrühren.

Eier-Creme 10 hartgekochte Eigelb, 70 g Butter, 1 EL Tatarsauce, 1 TL Senf, Salz, Zitronensaft glattrühren.

Meerrettich-Creme 5 EL frisch geriebenen Meerrettich abbrühen, abseihen und mit lauwarmer dicker Béchamelsauce, 2 Eigelb, Saft einer Zitrone, 1 Prise Salz, 1 TL Puderzucker glattrühren.

Käsecreme Will man Käsecreme zum Verzieren der Canapees zubereiten, sollten grundsätzlich alle Zutaten feinpüriert und durch ein Sieb gedrückt werden, da sie sich sonst nicht mit dem Spritzbeutel bearbeiten läßt.

Liptauer Käsecreme 100 g Brinsen (weicher Schafskäse), 100 g Butter, 1 EL feingeschnittener Schnittlauch, 1 TL Paprika, Salz, Kümmel nach Geschmack schaumig rühren.

Käsecreme mit Langusten 150 g Langusten aus der Dose, 100 g geriebener Parmesan oder Emmentaler, 50 g Butter, 1 Prise weißer Pfeffer, 4–5 EL Sahne, 2 EL Cognac glattrühren.

Käsecreme mit Garnelen Zutaten und Zubereitung wie oben, nur nimmt man statt Langusten 150 g Garnelen.

Käsecreme mit Trüffeln 100 g schwarze Trüffeln aus der Dose, gewiegt, 50 g geriebener Käse, 50 g Butter, 2 EL Cognac glattrühren.

Käsecreme mit Thunfisch 100 g in Öl eingelegter Thunfisch, mit der Gabel zerdrückt, 100 g geriebener Käse, 4–5 EL Sahne glattrühren.

BUTTERMISCHUNGEN

Butter für Canapees und Cocktail-Cremes muß man schaumig rühren. Man gibt sie in ein Porzellanschälchen, läßt sie weich werden und rührt sie mit einem Holzlöffel schaumig.
Besonders gut schmeckt es, wenn man die Butter durch einige Zutaten verfeinert. Durch die verschiedenen Farben und Geschmacksrichtungen erhält man aparte Variationen.

Grüne Butter I   100 g Butter, 1 EL feingehackte Petersilie, 1 EL feingehackter Schnittlauch, 1 Prise Salz glattrühren.

Grüne Butter II   100 g Butter, 1 EL gekochter, feingehackter Spinat, 1 Prise Salz, Pfeffer glattrühren.

Rote Butter I   100 g Butter, 1 EL Tomatenmark, 1 Prise Salz, Cayenne-Pfeffer glattrühren.

Rote Butter II   100 g Butter, $^1/_2$ TL edelsüßer Paprika, 1 Prise Salz glattrühren.

Gelbe Butter I   100 g Butter, 100 g gekochte passierte Mohrrüben, 1 Prise Salz, Cayennepfeffer glattrühren.

Gelbe Butter II 100 g Butter, $^1/_2$ TL scharfer Senf, $^1/_2$ TL süßer Senf, 1 Prise Salz, Pfeffer glattrühren.

Weiße Butter I 100 g Butter, 1 EL frisch geriebener Meerrettich, 1 Prise Salz, weißer Pfeffer glattrühren.

Weiße Butter II 100 g Butter, 2 EL saure Sahne, Knoblauchsalz, weißer Pfeffer glattrühren.

Trüffelbutter 100 g Butter, 1 Trüffel (nußgroß aus der Dose) fein hacken, 1 TL Marsala, 1 Prise Salz, Pfeffer glattrühren.

Butter Montpellier 1 Bund Petersilie, $^1/_2$ Bund Schnittlauch, 4–5 frische Spinatblätter, 1 Scheibe geschälte Zwiebel (einige Minuten dünsten und nach dem Abtropfen fein hacken), 2 feingehackte Cornichons, 1 rohes Eigelb, 2 hartgekochte Eigelb, 1 TL feingehackte Kapern, 3 EL Öl dazugeben, salzen, pfeffern, mit Zitronensaft abschmecken, mit 100 g schaumig gerührter Butter vermischen.

Kaviarbutter 100 g Butter, 80 g Kaviar glattrühren.

Butter alla Creola 100 g Butter, 6 hartgekochte Eigelb, 2 feingehackte Anchovis-Filets, 1 TL feingehackte Kapern glattrühren.

Butter alla Campagnola   1 EL Kapern, 3 Cornichons, 3 Anchovisfilets, 1 Bund Petersilie feinhakken und mit 100 g schaumiggerührter Butter vermischen.

Sardellenbutter   100 g Butter, 6 feingehackte Sardellenfilets (Anchovis) glattrühren.

Heringsbutter   100 g Butter, 50 g feingehacktes Heringsfilet glattrühren.

Aspik   ist eine sehr dekorative Art, Canapees zu verzieren. Es wäre fehl am Platz, hier ein echtes, langwieriges und mühsames Aspikrezept anzugeben. Man benützt heute Aspikwürfel oder -pulver; das Aspik ist dann im Nu fertig und wird mit Sherry verfeinert. Mit einem weichen Pinsel bestreicht man die Canapees ganz dünn mit lauwarmem Aspik und läßt sie auskühlen. So bekommen sie einen schönen Glanz.

Béchamelsauce   40 g Butter oder Margarine, 40 g Mehl, $1/4$ l Brühe, $1/4$ l Milch, Salz, evtl. Zitronensaft.
Das Fett in einem Stieltopf zergehen lassen. Das Mehl zufügen und anschwitzen, aber nicht bräunen. Unter heftigem Rühren die Flüssigkeit zufügen und 3–5 Minuten kochen lassen. Abschmekken.

DIPS

Dips sind Saucen, die man in kleinen Porzellan-, Glas- oder Fayenceschalen serviert. Sie sind bei uns bisher noch nicht so allgemein üblich wie in Amerika, wo es regelrechte Dip-Parties gibt, ähnlich wie die Fondue-Essen in Europa.

Es gibt unzählige Variationsmöglichkeiten von Dips, die man selbst ausprobieren kann. Je nach Aufwand der Cocktail-Party serviert man zwei, drei oder mehrere Dips. Praktisch ist es für die Gastgeber, daß man die Dips schon am Tag zuvor zubereiten kann und im Kühlschrank zugedeckt (damit sich das Aroma nicht verliert) aufbewahrt. Übrigens kann man die meisten dieser Saucen auch für das Fleischfondue gebrauchen. Für die Cocktail-Party stellt man mehrere Dipsaucen in Schälchen auf ein Tablett. Rundherum arrangiert man Schälchen mit appetitlichen kleinen Happen; der Phantasie sind keine Grenzen gesetzt: alle möglichen Sorten von Fleisch, Wurst, langgeschnittenes rohes Gemüse (Selleriestangen, Karotten, Blumenkohlröschen, Paprikaschoten, Champignons, Rettiche usw.) oder ganz einfache Kräckers und Chips.

Jeder Gast taucht seine Happen wahlweise in eine der verschiedenen Saucen und wird vergnügt feststellen, wie anders sie jeweils schmecken.

Bei den oben erwähnten Dip-Parties müssen also sehr viele Variationsmöglichkeiten geboten werden, und es sieht auch sehr hübsch aus, wenn überall auf kleinen Tischen viele bunte Schalen für die verschiedenen Dips auf Tabletts arrangiert sind.

Nachdem bei uns die Dips noch nicht sehr bekannt sind, können die Gastgeber diese amüsante Abwechslung der Einladungsform ein bißchen erklären und das „Dippen" ihren Gästen vormachen.

Nora-Dip

1 Ei, 2 Tassen Mayonnaise, 2 EL feingewiegte Salzgurke, 1 TL feingehackte Petersilie, Saft von 1 Zitrone, Cayenne-Pfeffer.
Ei hart kochen, fein hacken und mit den übrigen Zutaten verrühren.

Grüne Dip

50 g Spinat, 1 EL Petersilie, 1 TL Estragon, 1 EL Schnittlauch, 2 Tassen Mayonnaise, 3—4 EL saure Sahne, Zitronensaft, Pfeffer, Salz.

Frische Spinatblätter, Petersilie und Estragonblätter einige Minuten in Wasser stark kochen. Gut abtropfen lassen, dann durch den Wolf drehen, feingehackten Schnittlauch dazugeben, das Ganze nochmals durch ein Sieb passieren. Dann mit Mayonnaise vermischen und mit saurer Sahne verdünnen. Mit Zitronensaft, Pfeffer und Salz abschmecken.

Senf-Dip

3 Eier, 1 TL feingewiegte Petersilie, 5 EL Senf, 1 EL Puderzucker, Salz, Pfeffer, 2–3 Tropfen Tabasco, 2 Tassen Mayonnaise.

Das Eigelb von den hartgekochten Eiern feinhacken und mit den restlichen Zutaten verrühren und abschmecken.

Zigeuner-Dip

1 Tasse Mayonnaise, 1 Tasse Joghurt, 6 EL Tomaten-Ketchup, 2 EL gewiegte Zwiebel, feingehackter Schnittlauch und Petersilie, Salz, Pfeffer, Tabasco.

Alle Zutaten miteinander verrühren und abschmecken.

Kaviar-Dip

2 Tassen Mayonnaise, 4 EL Kaviar, 2 EL feingewiegte Zwiebel, 2 EL Tomaten-Ketchup, 3 EL saure Sahne, Salz, Pfeffer.

Alle Zutaten miteinander verrühren und abschmecken.

Avocado-Dip I

1 Avocado, $^1/_2$ Tasse Chili-Sauce, $^1/_2$ Tasse entkernte, feingehackte, grüne Oliven, $^1/_2$ Tasse Mayonnaise, 50 g Weichkäse, Salz.

Avocado schälen, Kern entfernen und Fruchtfleisch ganz fein hacken oder mit dem Messerstern pürieren. Die restlichen Zutaten zugeben, verrühren und abschmecken.

Avocado-Dip II

1 Avocado, 1 Tasse saure Sahne, $^1/_2$ Tasse Mayonnaise, $^1/_2$ Tasse entkernte, feingehackte grüne Oli-

ven, 1 zerdrückte Knoblauchzehe, 2 feingehackte Anchovis-Filets, Salz.

Avocado wie oben beschrieben fein hacken oder mit dem Messerstern pürieren, die restlichen Zutaten zufügen und abschmecken.

Eier-Dip

3 hartgekochte Eier, Milch, $1/_2$ TL Rauchsalz, 2 EL frischer Zitronensaft, 1 TL Worcestershire-Sauce, frischgemahlener schwarzer Pfeffer, $1/_2$ TL französischer Senf, 1 Schuß Tabasco, 1 zerdrückte Knoblauchzehe, $1/_2$ Tasse Mayonnaise.

Eier schälen, ganz fein hacken und mit so viel Milch glattrühren, daß eine nicht zu dicke Creme entsteht. Dann der Reihe nach die restlichen Zutaten dazurühren und abschmecken.

Chutney-Oliven-Dip

2 Tassen saure Sahne, $1/_2$ Tasse feingehackte schwarze Oliven, 1 EL geriebene Zwiebel, 1 TL Salatdressing, 1 Msp Curry, 2 EL Chutney.

Alle Zutaten miteinander verrühren.

Schwarze-Oliven-Dip

1 Tasse feingehackte schwarze Oliven, 2 Tassen saure Sahne, 2 EL feingehackte Zwiebel, 1 Msp Cayenne-Pfeffer, 1 Msp Knoblauchsalz, 1 TL Zitronensaft.

Alle Zutaten miteinander verrühren.

California-Dip

30 g Butter, 2 EL geriebener Parmesan, 1 Tasse saure Sahne, $1/_2$ Tasse Mayonnaise, 1 EL Estragon-Essig, 1 EL Zucker, Salz, 1 zerdrückte Knoblauchzehe, je 2 EL feingehackte Paprikaschoten, Dillgurken und Zwiebeln.

Weiche Butter wird schaumig gerührt und mit den restlichen Zutaten vermischt und abgeschmeckt.

Barbecue-Käse-Dip
100 g Weichkäse, Barbecue-Sauce, 2 EL geriebene Zwiebel, 1 TL Worcester-Sauce, 1 EL geriebener Parmesan.

Weichkäse mit so viel Barbecue-Sauce glattrühren, daß eine weiche Creme entsteht; dann die restlichen Zutaten dazugeben und abschmecken.

COCKTAIL-GEBÄCK

Blätterteig ist ein idealer Teig für Cocktail-Gebäck. Nun, da man den fertigen Teig überall tiefgekühlt kaufen kann, ist die weitere Verarbeitung kein Problem. Das langwierige Herstellen des Teigs lohnt sich heute kaum und sollte den Fachleuten überlassen werden.

Die fertig geformten Teilchen werden auf ein mit kaltem Wasser abgespültes Backblech gelegt und im vorgeheizten Backofen bei starker Hitze goldgelb backen.

Schinkentaschen

1 Paket Tiefkühl-Blätterteig, Salz, Schinkencreme (s. S. 10), 1 Ei.

Den Blätterteig dünn ausrollen, leicht salzen, in 10 cm große Quadrate schneiden, mit Schinkencreme füllen, die vier Ecken zusammenschlagen, mit verquirltem Ei bestreichen und backen (220° C). Neuerdings bekommt man Tiefkühl-Blätterteig, der bereits in fertige Quadrate dieser Größe geschnitten ist.

Cocktail-Würstchen in Blätterteig

1 Paket Tiefkühl-Blätterteig, Senf, ca. 32 Cocktail-Würstchen, 1 Eigelb.

Blätterteig ausrollen und in viereckige Stücke schneiden, die etwas größer sind als die Würstchen. Ganz dünn mit Senf bestreichen, Würstchen darauflegen, zusammenrollen und beide Enden mit nassen Fingern zusammendrücken. Mit Eigelb bestreichen, backen (220° C) und heiß servieren. Statt der Cocktail-Würstchen kann man auch Wiener Würstchen nehmen, die in 3–5 cm lange Stücke geschnitten werden.

Käserouladen

1 Paket Tiefkühl-Blätterteig, Käsecreme (s. S. 11), geriebener Parmesan, 1 Ei.
Teig auswalken, in fingerbreite Streifen schneiden, über einem 10 cm langen Blechröhrchen locker spiralenförmig aufrollen, mit dem Ei bestreichen, auf dem Backblech liegend backen (220° C). Mit dem Spritzbeutel mit Käsecreme füllen, die Enden in Parmesan tauchen.

Cannelloni

Blätterteig, Cremefüllung nach Belieben (s. S. 10 ff.), 1 Ei.
Teig dünn auswalken, in 6 x 8 cm große Rechtecke schneiden, Füllung daraufsetzen, zusammenrollen, die Enden sehr fest zusammendrücken, alles mit Ei bepinseln und auf dem Blech goldgelb backen (220° C).

Bierschwamm

300 g Mehl, 1/2 Päckchen Backpulver, 200 g Schweinefett, 1/2 TL Salz, saure Sahne, 1 Ei, Kümmel, geriebener Käse.
Mehl mit Backpulver vermischen, kaltes Fett

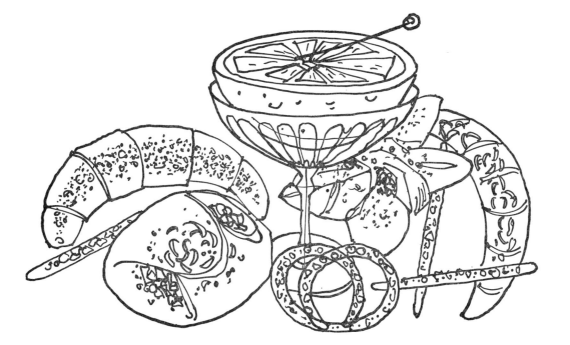

ins Mehl schneiden und alles rasch miteinander verbröseln. Salzen und soviel saure Sahne dazugeben, daß beim Zusammenkneten ein nicht zu fester Teig entsteht. Ausrollen, mit Ei bestreichen, mit Kümmel und Käse bestreuen und in Paketform von den 4 Seiten zusammenfalten. 15 Minuten kühl ruhen lassen, erneut ausrollen, wieder zuammenfalten und nochmals ruhen lassen. Dies insgesamt viermal wiederholen. Zum Schluß $1/2$ cm dick auswalken, zündholzschachtelgroß schneiden, wieder mit Ei bestreichen, geriebenen Käse daraufstreuen, auf gefettetes Backblech legen und goldgelb backen (200° C).

Krapfen mit Kaviar

120 g Butter, 140 g Mehl, 2 Eigelb, 2 EL saure Sahne, 2 EL Rum, Salz, 1 Ei, Kaviar.

Aus Butter, Mehl, Eigelb, Sahne, Rum und Salz einen Mürbteig kneten. Evtl. noch etwas Mehl zufügen. Nußgroße Bällchen formen, in der Mitte mit dem Finger eindrücken, mit Ei bestreichen und backen (200° C). Die Vertiefung mit Kaviar füllen, heiß servieren.

Schinkenkrapfen

50 g Butter, $1^1/_2$ Tassen saure Sahne, 20 g geriebener Käse, 3 Eier, 180 g gehackter Schinken, Mehl.
Butter, 1 Tasse saure Sahne, geriebenen Käse und 3 Eigelb gut zusammenrühren, vorsichtig das steif geschlagene Eiweiß und den Schinken darunterheben. Diese Mischung gleichmäßig auf ein mit Mehl bestäubtes Backblech streichen, im vorgeheizten Backofen einige Minuten trocknen lassen, dann vorsichtig mit saurer Sahne be-

streichen, bei 200° C goldgelb backen, und noch warm zweimarkstückgroß ausstechen.

Käsehörnchen (siehe Farbtafel nach Seite 80)

Das Rezept entspricht dem der Schinkenhörnchen. Nur werden die Hörnchen mit Käsecreme (s. S. 11) gefüllt.

Mandel-Käse-Keks

160 g Butter, 180 g Mehl, 80 g geschälte, gemahlene Mandeln, 1 Eigelb, 60 g geriebener Käse, Salz, 1 Msp Paprika, Käsecreme (s. S. 11).

Alle Zutaten gut zusammenkneten. Dünn ausrollen, kleine runde Plätzchen ausstechen und backen (200° C). Wenn ausgekühlt, je ein Plätzchen mit Creme bestreichen und ein zweites daraufdrücken.

Knusper-Käse-Gebäck

150 g Mehl, 30 g Butter, 100 g geriebener Käse, Salz, 1 Msp Paprika, Milch.

Mehl mit kalter Butter und geriebenem Käse verbröseln, Salz, Paprika und so viel Milch dazugeben, daß man einen festen Teig kneten kann. Diesen papierdünn ausrollen, mit dem Teigrädchen 2 cm große Quadrate schneiden, aufs Backblech legen und hell und knusprig backen (200° C).

Schafskäse (Brinsen) — Pogatschen

250 g Mehl, 250 g Schafskäse, 250 g Margarine, Salz, 4 EL Milch, 10 g Hefe.

Aus Mehl, durchpassiertem Schafskäse, Margarine, Salz und in Milch aufgelöster Hefe einen Teig kneten. Gut durcharbeiten, dreimal ausrollen, zusammenfalten und jedesmal eine halbe Stunde ruhen lassen. Schließlich fingerdick ausrollen, in Zweimarkstück-Größe ausstechen, nochmals eine halbe Stunde ruhen lassen, dann goldgelb backen (200° C) und warm servieren.

Gefüllte Quark-Pogatschen

120 g Magerquark, 120 g Mehl, 120 g Butter, 2 Eigelb, 1 TL Salz, Pastete nach Belieben (s. S. 47 ff).

Aus durchpassiertem Quark, Mehl, Butter, 1 Eigelb und Salz einen Teig kneten. Gut durcharbeiten, fingerdick ausrollen, zweimarkstückgroß ausstechen, mit Eigelb bestreichen und hellgelb backen (200° C). Nach dem Auskühlen durchschneiden und eine Scheibe Pastete hineinlegen.

Cocktail-Windbeutel

1/4 l Wasser, 50 g Butter, 1 Msp. Salz, 150 g Mehl, 4 Eier, Füllung nach Belieben: Käse-, Zungen-, Schinken-Creme (s. S. 10 f.).

Wasser, Butter und Salz in einem Topf unter ständigem Rühren zum Kochen bringen, Mehl schnell hineinschütten und glattrühren. Topf vom Feuer nehmen und nach und nach die Eier dazurühren, erkalten lassen.

Mit dem Spritzbeutel oder einem Teelöffel auf ein gefettetes, bemehltes Backbleck ca. haselnußgroße Häufchen setzen, bei guter Hitze (220° C) im vorgeheizten Ofen backen. Die ersten 10 Minuten keinesfalls den Ofen öffnen. Erkalten lassen, Deckel abschneiden und mit der Creme füllen. Vor dem Servieren in der Röhre kurz durchwärmen.

Kartoffel-Pogatschen

120 g Butter, 200 g Mehl, 120 g gekochte Kartoffeln, 3 Eigelb, Salz, $1/4$ l saure Sahne.

Butter mit Mehl verbröseln und dann mit den gekochten und durch ein Sieb gedrückten Kartoffeln, 2 Eigelb, Salz und saurer Sahne zu einem Teig kneten. Gründlich durcharbeiten, insgesamt dreimal ausrollen, dazwischen immer wieder zusammenschlagen und jedesmal eine halbe Stunde lang an einem kühlen Ort ruhen lassen. Schließlich fingerdick ausrollen, in 2-Markstück-Größe ausstechen und nochmals eine halbe Stunde beiseitestellen. Mit Eigelb bestreichen, bei mittlerer Hitze (200° C) backen und heiß servieren.

Schinkenhörnchen

300 g Mehl, 180 g Butter, Salz, 3 Eigelb, $2^{1}/_{2}$ Tassen saure Sahne, 5 g Hefe, Schinkencreme (s. S. 10).

Aus Mehl, Butter, Salz, 2 Eigelben und der in saurer Sahne aufgelösten Hefe einen ziemlich weichen Teig kneten. Gut verarbeiten, ausrollen, in Vierecke schneiden, mit Schinkencreme füllen; hörnchenartig zusammenrollen, mit Eigelb bestreichen und auf gefettetem Backblech bei 200° C hellbraun backen.

KLEINE HAPPEN

Gefrorene Käsewürfel

100 g Roquefort, 100 g Bel Paese, 50 g Camembert, 2 Eigelb, $\frac{1}{4}$ l Schlagsahne, 3—4 Blatt aufgelöste Gelatine, Salz, Pfeffer, Paprika.

Alle drei Käsesorten mit der Gabel verkneten oder im Mixer cremig schlagen. Dann Eigelb, steife Schlagsahne und Gelatine dazumischen. Mit Salz, Pfeffer, Paprika abschmecken. Diese Mischung in die Eisschale mit Würfeleinsatz füllen und in den Kühlschrank stellen. Vor dem Servieren kurz in heißes Wasser tauchen, stürzen. In die Käsewürfel Zahnstocher stecken. An heißen Sommertagen eine angenehme Überraschung für die Party-Gäste.

Käse-Schinken-Bällchen

100 g geriebener Emmentaler oder Chesterkäse, 100 g gekochter, feingewiegter Schinken, 1—2 Eigelb, 1 TL geriebener Meerrettich, Salz, Pfeffer, geriebener Pumpernickel.

Käse, Schinken, Eigelb und Meerrettich mit wenig Salz und Pfeffer nach Geschmack gut vermischen. Kleine Bällchen formen und in geriebenem Pumpernickel wälzen.

Wildleber-Leckerbissen

50 g Frühstücksspeck, 100 g Wildleberpastete (Dose), frische Gurkenscheiben, grüne, mit Paprika gefüllte Oliven.

Dünne Speckscheiben knusprig braten und fein-hacken. Wildleberpastete schaumig rühren, Speck dazumischen. Diese Paste so dick auf die Gurkenscheiben auftragen, wie diese selbst sind. Jeweils in die Mitte eine Olive spießen.

Oliven in Speck

Hauchdünne Scheiben Frühstücksspeck, gefüllte Oliven.

Speckscheiben nur so wenig braten, daß sie glasig werden. In jede Scheibe eine Olive wickeln und einzeln aufspießen, nochmals kurz braten.

Stangensellerie mit Gorgonzola

Frischer zarter Stangensellerie, 150 g Gorgonzola, 150 g Butter, Paprika.

Stangensellerie waschen und abtrocknen. Gorgonzola mit Butter und einer Prise Paprika schaumig rühren und die ausgehöhlten Stangen evtl. mit einem Spritzbeutel damit füllen und kühl stellen. Dann in fingerlange Stücke schneiden und nochmals in den Kühlschrank stellen.

Gefüllte Gurken

Frische, gleichmäßig große Gurken (nicht größer als eine Salzgurke), Käsecreme (s. S. 11), Aspik.

Gurken schälen und für einige Minuten in kochendes Salzwasser legen. Dann beide Enden abschneiden und Kerne herausholen. Die Höhlung mit dem Spritzbeutel mit Käsecreme füllen. In den Kühlschrank stellen. Wenn die Gurken ganz kalt sind, in Scheiben schneiden, mit Aspik überziehen und bis zum Servieren im Kühlschrank aufbewahren.

Gefüllte Chicorée (s. Farbtafel nach Seite 32)

Chicorée, Zitronensaft, Salz, Mandarinenschnitze aus der Dose, gefüllte Oliven, Maraschinokirschen, feinwürflige Tomaten.

Chicorée der Länge nach halbieren, den bitteren Keil herauslösen, mit Zitronensaft und Salz würzen und bunt füllen. – Natürlich kann man stattdessen die Chicorée auch mit Gorgonzolacreme (s. S. 28) oder Käsecreme (s. S. 11) füllen.

Gurkenscheiben mit Ei

Schlangengurke, Mayonnaise, hartgekochte Eier, Salz, Pfeffer, feingehackte Kräuter. *Zum Verzieren:* gefüllte Oliven, Anchovis, Perlzwiebeln.

Gurke ungeschält waschen, in fingerdicke Scheiben schneiden, dünn mit Mayonnaise bestreichen, je eine Scheibe hartgekochtes Ei darauflegen und nach Geschmack würzen und verzieren.

Cornichons im Schinkenhemd

Lachsschinken, Pfeffer, Cornichons.

Schinkenscheiben pfeffern und um die Cornichons wickeln. Einen Zahnstocher hineinstecken und kalt servieren.

Gefüllte Datteln

Datteln, Lachsschinken, scharfer Senf.

Datteln der Länge nach einschneiden, entkernen. Halbierte Schinkenscheiben mit Senf bestreichen und so klein zusammenrollen, daß sie in die Kernhöhlung passen. Datteln füllen. Natürlich kann man auch Käsecreme in die Datteln geben.

Gefüllte Pflaumen

Feste, nicht zu reife Pflaumen, Hühnercreme (s. S. 10).

Pflaumen der Länge nach einschneiden, entkernen, mit Creme füllen, kalt servieren.

Gefüllte Walnüsse

Gorgonzola, Butter, unbeschädigte halbe Walnußkerne.

Gorgonzola mit Butter verrühren, halbfingerdick zwischen zwei Walnußhälften geben, bis zum Servieren kalt stellen.

Gefüllte Tomaten mit Fischcreme

Ganz kleine feste Tomaten, Salz, Fischcreme (s. S. 11), Krevetten, Aspik.

Tomaten waschen, abtrocknen, Deckel abschneiden, aushöhlen, das Innere salzen. Mit Creme füllen, 2–3 Krevetten, darauflegen und mit flüssigem Aspik bepinseln. In den Kühlschrank stellen, kalt servieren.

Gefüllte Tomaten mit Eiercreme

Nußgroße feste Tomaten, Salz, Eiercreme (s. S. 12), Schnittlauch.

Tomaten wie oben vorbereiten, salzen, mit Creme füllen und mit feingehacktem Schnittlauch bestreuen. Kalt servieren.

Gefüllte Cornichons

Cornichons, Gorgonzola oder Rocquefort, Butter, Pfeffer.

Die kleinen Cornichons der Länge nach durchschneiden, aushöhlen. Zerdrückten Käse mit gleicher Menge Butter glattrühren, pfeffern und die Gurkenhälften damit füllen.

Gefüllte Weichseln

Feste große Weichseln, geräucherte Zungencreme (s. S. 10).
Weichseln entkernen (es gibt dafür ein Spezial-Instrument), mit Creme füllen und kaltstellen.

Gefüllte Weintrauben

Große feste Beeren von Weintrauben, Gorgonzola.
Beeren in der Mitte durchschneiden, entkernen, mit Käsewürfel füllen, die andere Hälfte darauflegen und mit Zahnstocher zusammenhalten.

Stachelschwein

Es ist außerordentlich dekorativ, auf die Bar oder den Tisch ein buntes, appetitliches „Stachelschwein" zu stellen, von dem sich jeder selbst bedienen kann:

Man steckt in einen besonders schönen großen roten Apfel, eine Apfelsine oder Grapefruit kleine Spieße, auf die der Reihe nach Käsewürfel, grüne und schwarze Oliven, Weintrauben, Perlzwiebeln, Paprikaschoten oder Cocktailwürstchen gespickt wurden. Das Sortiment kann nach Lust und Laune ergänzt werden: Mit in Zitronensaft gebeizten Champignons, Röllchen Salami oder Lachsschinken, Scampi, mit aufgerollten Lachsscheiben, marinierten Tintenfischen oder Radieschen. Es spielt keine Rolle, ob man die Spießchen sortenweise oder jeweils mit drei oder vier Zutaten kombiniert rundum auf die Basis spickt, Hauptsache, das Ganze ist farbenfroh und verlockend.

Übrigens bewähren sich die ganz einfachen Zahnstocher aus Holz dafür viel besser als Spießchen aus Kunststoff. Letztere brechen beim Einstecken oft ab und die kleinen Kunststoffstückchen bleiben in den Nahrungsmitteln zurück.

CANAPEES

Geduld, Phantasie, Geschmack – das sind die wichtigsten Elemente, um die kleinen Canapees zuzubereiten; im übrigen kann man als Belag beinah alles verwenden, was man an Zutaten zur Verfügung hat: gebratene oder gekochte Fleischreste, Fisch, Aal, Scampi, Muscheln, Eier, Käse, ja selbst rohes und gekochtes Gemüse. Die kleinen, nur einen Biß großen Canapees, sprechen das Auge weit mehr an als die zugedeckten Sandwiches, bei denen man nicht sieht, was sie enthalten.

Man verwendet im allgemeinen Toastbrot. Die Kruste wird ringsherum abgeschnitten. Dann schneidet man nach Belieben viereckige, dreieckige, längliche oder runde (evtl. mit Plätzchenform ausstechen) Happen. Wenn ein normales Weißbrot verwendet wird, muß man die Rinde abreiben.

Die Canapees werden auf ein Tablett nebeneinander gelegt, ohne daß eines das andere verschmiert und also den schönen Anblick verdirbt. Kalte, ebenso wie warme Canapees kann man einige Stunden vor der Party vorbereiten und kühl aufbewahren. Auf feuchtes Pergamentpapier gelegt und mit Stanniol zugedeckt halten sie sich lange frisch. Die warmen Canapees werden dann vor dem Servieren frisch gebacken.

Die folgenden Rezepte sind für 10 Canapees berechnet, wobei diese Rechnung aber in erster Linie für das Brot gilt; denn die sonstigen Ingredienzien kann man dicker oder dünner auftragen, so daß eine genaue Menge nicht angegeben werden kann.

1. KALTE CANAPEES

Canapees mit Kaviar (10 Stück)

5 Schnitten Toastbrot, 50 g Butter, 3 hartgekochte Eier, 30 g Kaviar, Salz.

Rinde vom Toastbrot entfernen, die Scheiben der Länge nach durchschneiden und mit Butter bestreichen. Eiweiß und Eigelb getrennt fein hacken. Auf die eine Hälfte jeder Schnitte Eiweiß, auf die andere Hälfte Eigelb häufen und über die Mitte einen Streifen Kaviar ziehen, salzen.

Canapees mit Sardinen (10 Stück)

5 Schnitten Toastbrot, 50 g Butter, 5 Sardinen, 100 g Aspik, 1 TL Tomatenmark.

Brot wie oben vorbereiten. Eine halbe Sardine darauflegen. Den geschmolzenen Aspik mit Tomatenmark verrühren, fest werden lassen und mit dem Spritzbeutel die Sardinen gitterförmig verzieren.

Canapees mit geräuchertem Lachs (10 Stück)

5 Schnitten Toastbrot, 50 g Sardellenbutter (s. S. 17), 10 Scheiben Lachs, 2 hartgekochte Eier, 1 Essiggurke, Salz.

Brot wie oben vorbereiten und mit Sardellenbutter bestreichen. Lachsscheiben darauflegen, mit feingehackten Eiern und dünnen Gurkenscheiben verzieren, leicht salzen.

Canapees mit Krabben (10 Stück)

5 Schnitten Toastbrot, 50 g Butter, 100 g russischer Salat, 20 große Krabben, 100 g Mayonnaise.
Brot wie oben vorbereiten, mit Butter bestreichen, französischen Salat aufhäufen, je zwei Krabben darauflegen, mit Mayonnaise aus der Tube rundherum verzieren.

Canapees mit Eiern (10 Stück)

5 Schnitten Toastbrot, 50 g grüne Butter (s. S. 15), 3 hartgekochte Eier, 10 Sardellen, 100 g Aspik.
Brot wie oben vorbereiten und mit Butter bestreichen. Eier mit dem Eischneider in Scheiben schneiden und auf jedes Brot zwei Scheiben legen. In die Mitte einen Sardellenring geben und ringsherum mit feingehacktem Aspik garnieren.

Canapees mit Meerrettichcreme (10 Stück)

5 Schnitten Toastbrot, 50 g Butter, 200 g Quark, 3 Teelöffel geriebener Meerrettich, Salz, 10 halbe Walnüsse.
Brot wie oben vorbereiten und mit Butter bestreichen. Meerrettich mit Quark verrühren, würzen und dick auf die Brotschnitten auftragen. In die Mitte eine halbe Nuß legen.

Canapees mit Gurken (10 Stück)

5 Schnitten Toastbrot, 50 g rote Butter (s. S. 15), 1 Salatgurke, Salz, 1 Bund Dill.

Brot wie oben vorbereiten und mit Butter bestreichen. Gurke schälen, in ganz dünne Scheiben hobeln, die Brotschnitten damit bedecken, leicht salzen und mit feingehacktem Dill bestreuen. Möglichst bald servieren.

Canapees mit Tomaten (10 Stück)

5 Schnitten Toastbrot, 50 g grüne Butter (s. S. 15), Tomaten, Salz, Pfeffer, 1 Bund Petersilie.

Brot wie oben vorbereiten, mit Butter bestreichen. Tomaten für 2 Minuten in kochendes Wasser legen, dann schälen, in dünne Scheiben schneiden und auf das Brot legen. Salzen, pfeffern und mit feingehackter Petersilie bestreuen.

Canapees mit Salatblättern (10 Stück)

5 Schnitten Toastbrot, 50 g Trüffelbutter, 10 zarte Kopfsalatblätter, 3 EL Mayonnaise, 1 Apfelsine.

Brot wie oben vorbereiten und mit Butter bestreichen. Gewaschene, gut abgetropfte Salatblätter in Mayonnaise tauchen und auf das Brot legen. Apfelsine schälen, das Fruchtfleisch würflig geschnitten auf die Salatblätter verteilen.

Canapees alla Capricciosa (10 Stück)

5 Schnitten Toastbrot, 50 g Butter, 1 Zitrone, Sardellenfilets aus dem Glas, Pfeffer.

Brot wie oben vorbereiten, mit Butter bestreichen, eine hauchdünne Zitronenscheibe (schälen und Kerne entfernen) darauflegen, Sardellenfilets sternförmig anordnen und nach Geschmack pfeffern.

Canapees del Ghiottone (10 Stück)

5 Schnitten Toastbrot, 50 g grüne Butter (s. S. 15), 25 g gelbe Butter (s. S. 15 f.) gebratene Hühnerbrust, geräucherte Zunge.

Brot wie oben vorbereiten. Die Hälfte der Canapees mit grüner, die andere Hälfte mit gelber Butter bestreichen. Auf den grünen Teil je eine Scheibe Hühnerbrust, auf den gelben je eine Scheibe Zunge legen. Die grünen Schnitten mit gelber Butter verzieren, die gelben Schnitten mit grüner Butter.

Canapees mit Parmesancreme (10 Stück)

5 Schnitten Toastbrot, 50 g Butter, geriebener Parmesan, saure Sahne, Salz, Paprikastreifen.

Brot wie oben vorbereiten und mit Butter bestreichen. So viel Parmesan mit saurer Sahne verrühren, daß eine streichfähige Masse entsteht. Nach Geschmack salzen und dick auf das Brot auftragen, mit Paprikastreifen garnieren.

Canapees mit Hering (10 Stück)

5 Schnitten Toastbrot, 50 g Butter, 2 große Heringsfilets aus der Dose, 2 hartgekochte Eier, Salz, 1 TL Tomatenmark (aus der Tube).

Brot wie oben vorbereiten, mit Butter bestreichen. Heringsfilets in Streifen schneiden, je zwei davon so auf ein Brot legen, daß Mitte und Enden desselben leer bleiben. Eiweiß und Eigelb getrennt fein hacken. Auf die Mitte des Brotes Eigelb, auf die Enden Eiweiß häufen, salzen. Auf die Heringe kleine Tupfen mit Tomatenmark spritzen.

Canapees Arlecchino (10 Stück)

5 Schnitten Toastbrot, 50 g gelbe Butter (s. S. 15 f.),
3 hartgekochte Eier, 1 Essiggurke, 70 g schwarze
entkernte Oliven, 70 g magerer roher Schinken.

Brot wie oben vorbereiten und mit Butter bestreichen. Alle Zutaten separat (auch Eigelb und
Eiweiß) feinhacken und streifenweise so auf
dem Brot anordnen, daß eine farbenfrohe Wir-
kung entsteht.

Canapee-Würfel mit gehacktem Schinken

5 Schnitten Toastbrot, 60 g Butter, 200 g Schinken.

Brot wie oben vorbereiten, aber die Schnitten in
nur 2 cm große Quadrate schneiden. Diese auf
beiden Seiten mit Butter bestreichen und in
feingehacktem Schinken wälzen. Bis zum Servieren kalt stellen. Auf Zahnstocher aufspießen.

2. WARME CANAPEES

Käseschnitten I (10 Stück)

5 Toastschnitten, ca. 75 g geriebener Parmesan, 2
Eigelb, 1 EL Semmelbrösel, Salz, $1/_2$ TL edelsüßer
Paprika, Öl.

Brotscheiben entrinden und die Scheiben ent-
weder der Länge nach oder diagonal halbieren.
Parmesan mit Eigelb, Semmelbröseln, etwas Salz
und Paprika gut verrühren. Brotschnitten mit
dieser Creme bestreichen, in eine mit Öl gefettete feuerfeste Form legen und zugedeckt in den
Backofen stellen. Erst wenn der Ofen sehr heiß
ist, den Deckel abnehmen und die Schnitten
goldgelb backen. Heiß servieren.

Käseschnitten II (10 Stück)

5 Schnitten Toastbrot, 50—70 g Butter, ca. 150 g geriebener Parmesan, Salz, 1/2 TL edelsüßer Paprika, 1 TL Kapern.

Brotschnitten entrinden, halbieren. Butter mit Parmesan schaumig rühren, salzen, Paprika und feingehackte Kapern dazugeben. Brot mit dieser Creme bestreichen und im heißen Backofen einige Minuten backen. Heiß servieren.

Englische Happen (10 Stück)

5 Schnitten Toastbrot, Butter, 2 Eier, 4 EL Sahne, Salz, Cayenne-Pfeffer, 3 Scheiben Frühstücksspeck, geriebener Parmesan.

Brotscheiben entrinden, halbieren, mit Butter bestreichen. Aus Eiern und Sahne mit Salz und Pfeffer wie oben Rühreier bereiten. Frühstücksspeck knusprig braten, zerkleinern und daruntermischen. Die Masse auf die Brotschnitten häufen, mit Parmesan bestreuen und im heißen Ofen einige Minuten backen. Heiß servieren.

Canapees mit Kochsalami (10 Stück)

5 Schnitten Toastbrot, Butter, 250 g Kochsalami, saure Sahne, Delikateß-Senf.

Brot wie oben vorbereiten, mit Butter bestreichen. Kochsalami fein hacken und mit soviel saurer Sahne verrühren, daß eine ziemlich feste Masse entsteht. Diese dick auf das Brot auftragen, dünn mit Senf bestreichen und die Canapees im vorgewärmten Backofen backen. Heiß servieren.

Canapees mit Schinken (10 Stück)

werden nach dem vorstehenden Rezept zubereitet, nur verwendet man anstelle von Kochsalami Schinken.

Canapees mit Fleischcreme (10 Stück)

5 Schnitten Toastbrot, Butter, 2 EL geriebene Zwiebeln, ca. 40 g Pflanzenfett, 250 g Schweineschnitzel, Salz, $1/_2$ TL Paprika, 1 hartgekochtes Ei, Delikateß-Senf.

Brot wie oben vorbereiten und mit Butter bestreichen. Zwiebeln in Fett hell andünsten, das in ganz kleine Würfel geschnittene Fleisch dazugeben, salzen, mit Paprika verrühren und gardünsten. Wenn nötig, immer wieder wenig Wasser zugießen. Das fertige Fleisch aus dem Saft heben, mit dem Ei durch den Wolf drehen und soviel Fleischsaft dazugeben, daß eine dicke Creme entsteht, die man mit Senf abschmeckt. Die Brotschnitten mit dieser Masse üppig bestreichen und im vorgewärmten Ofen schnell backen. Heiß servieren.

Canapees mit Champignons (10 Stück)

5 Schnitten Toastbrot, 50 g Butter zum Bestreichen und Dünsten, 150 g Champignons, 1 TL Zitronensaft, Salz, saure Sahne, 1 TL Petersilie.

Brot entrinden, halbieren, mit Butter bestreichen. Champignons gründlich waschen (wenn nötig schälen), in dünne Scheiben schneiden, mit dem Zitronensaft in wenig Butter dünsten, dann salzen, abkühlen lassen und schließlich mit saurer Sahne abschmecken. Auf die Brotschnitten auftragen, im vorgewärmten Backofen backen, Petersilie darüberstreuen und heiß servieren.

Gefüllte Cocktail-Semmeln (10 Stück)

10 kleine Cocktail-Semmeln, Butter, 200 g gehackter roher Schinken, 1 Eigelb, 2—4 EL Sahne, 1—2 EL geriebener Parmesan, Pfeffer.

Semmeln nach Abschneiden eines Deckels aushöhlen, mit Butter ausstreichen und mit folgender Masse füllen: Schinken, Eigelb, Sahne, Parmesan gut zusammenmischen und nach Geschmack pfeffern. Deckel darauflegen und für einige Minuten in den heißen Backofen schieben. Sofort servieren.

PASTETEN

Wenn man „Pasteten" hört, denkt man meist zuerst an die bekannten Königin-Pastetchen aus Blätterteig mit Ragout-fin-Füllung. In unserem Fall sind aber vornehmlich Fleisch-, Fisch-, Gemüsepasteten und ähnliche gemeint. Es handelt sich um pikante Massen, die häufig im Wasserbad gegart, immer aber gut gekühlt werden. Vor dem Servieren stürzen. Man schneidet sie in Scheiben und serviert sie, hübsch verziert, auf Brothäppchen oder Kräckern.

Leberpastete

1 mittelgroße Zwiebel, 50 g Pflanzenfett, 250 g Schweineleber, 1 hartgekochtes Ei, 1 Semmel, 50 g Frühstücksspeck, Salz, Pfeffer, Senf.

Zwiebel feinhacken und in Fett glasig dünsten, in kleine Stücke geschnittene Leber dazugeben und gardünsten. Dann durch den Wolf drehen, mit Ei, in Wasser eingeweichter und ausgedrückter Semmel, sowie mit feingehacktem Speck vermischen, salzen, pfeffern, nach Geschmack mit Senf abschmecken. Im Wasserbad in kleiner Form kochen und auskühlen lassen. Danach in beliebig große Stücke schneiden.

Hühnerleberpastete

200 g Hühnerleber, 1 mittelgroße Zwiebel, 70 g

Pflanzenfett, 2 hartgekochte Eier, Salz, Pfeffer, 1 TL edelsüßer Paprika.

Hühnerleber gründlich säubern und waschen. Dann mit feingehackter Zwiebel in Fett kurz dünsten. Wenn ausgekühlt, fein hacken, die mit einer Gabel zerdrückten Eier dazugeben und glattrühren. Mit Salz, Pfeffer und Paprika abschmecken. In eine Form drücken, in den Kühlschrank stellen und vor dem Servieren aufschneiden.

Gänseleberpastete

300 g Gänseleber, 1 l Fleischbrühe, 50 g Gänsefett, 1 Semmel, 2 Tassen Milch, 3 Eier, 100 g Speck, Salz, Pastetengewürz.

Gänseleber in Fleischbrühe ca. 10 Minuten garkochen, abtropfen lassen und mit der Gabel zerdrücken. Gänsefett, in Milch eingeweichte und gut ausgedrückte Semmel, Eier, feingehackten Speck, Salz, Pastetengewürz dazugeben und gut zusammenkneten. In ausgefetteter, zugedeckter Pastetenform im Wasserbad kochen und nach dem Auskühlen aufschneiden.

Feine Fleischpastete

200 g Hackfleisch, 150 g feingehackte Kalbsleber, 100 g feingehackter Frühstücksspeck, 1 Semmel, 1 TL geriebene Zwiebeln, 50 g Pflanzenfett, Salz, Pfeffer, 1 Prise Majoran.

Hackfleisch, Leber, Frühstücksspeck mit eingeweichter und gut ausgedrückter Semmel glattrühren. Die feingehackte, in Fett glasig gedünstete Zwiebel dazugeben, salzen, pfeffern, nach Geschmack mit Majoran würzen und die Masse

im Wasserbad kochen. In Rehrückenform drücken, auskühlen lassen und aufschneiden.

Hasenpastete Jägerart

1 Zwiebel, 100 g Pflanzenfett, Salz, ein halber Hase (Vorderteil), 2 gekochte Kartoffeln, 100 g Speck, 2 Eier, Pfeffer, Majoran, Pastetengewürz, Mehl.

Zwiebel in Fett glasig dünsten. Hase mit kochendem Wasser überbrühen, salzen und ca. 45 Minuten kochen. Fleisch von den Knochen lösen, dann mit den Kartoffeln durch den Wolf drehen. Eier, feingehackten Speck, Salz, Pfeffer, Majoran, Pastetengewürz zufügen. Auf bemehltem Nudelbrett wie einen Hasenrücken formen, in eine Hasenrückenform geben und im Backofen bei milder Hitze backen. Nach dem Erkalten aufschneiden.

Kalbszungen-Pastete

500 g gekochte Kalbszunge (aus der Dose), 50 g Butter, 1 Semmel, 2 Tassen Milch, 2 Eier, 100 g Speck, Salz, Pfeffer.

Zunge durch den Wolf drehen, Butter, in Milch eingeweichte und gut ausgedrückte Semmel, Eier, feingehackten Speck, Salz, Pfeffer dazugeben. Gut vermischen und im Wasserbad kochen. Auskühlen lassen und aufschneiden.

Milzpastete

200 g Milz, 40 g Pflanzenfett, 20 g feingehackte Zwiebeln, 1 Knoblauchzehe, etwas Fleischbrühe, Salz, Semmelbrösel.

Die gut gewaschene Milz mit einem Messer schaben und mit den in Fett glasig gedünsteten feingehackten Zwiebeln sowie der zerdrückten Knob-

lauchzehe dünsten. Dann mit wenig Fleischbrühe aufgießen, salzen und nach Bedarf mit
Semmelbröseln binden. Unter ständigem Rühren
gut aufkochen, in eine Form füllen und auskühlen lassen.

Zwiebelpastete

50 g Gorgonzola, 100 g Kalbsleberpastete aus der
Dose, 50 g grobe Leberwurst, 2 EL geriebene Zwiebeln.

Gorgonzola mit Gabel zerdrücken und mit sämt-
lichen Zutaten glattrühren. In ein kleines Gefäß
pressen und gut kühlen.

Gemüsepastete

100 g Butter, $\frac{1}{2}$ TL scharfer Senf, 1 hartgekochtes
Ei, saure Sahne, Salz, Pfeffer, 1 Paprikaschote, 1 To-
mate, 50 g geriebene frische Karotten, 20 g geriebene
Zwiebeln.

Butter, Senf, durchpassiertes Eigelb, saure Sahne,
Salz, Pfeffer glattrühren. Eiweiß, Paprikaschote, geschälte Tomate ganz fein hacken und mit
den Karotten und Zwiebeln zu der Paste mischen. In eine Form füllen und in den Kühlschrank stellen.

Eierpastete I

40 g Zwiebeln, 40 g Butter, 50 g Hefe, $\frac{1}{2}$ TL Paprika, Pfeffer, wenig Milch, 2 Eier, Salz, Semmelbrösel.

Die feingehackten Zwiebeln in Butter glasig
dünsten, dann Hefe dazugeben und unter ständigem Rühren schmelzen lassen. Mit Paprika
bestreuen, pfeffern, wenig Milch dazugießen,

Eier verschlagen und zufügen, salzen und unter ständigem Rühren zu einer dicken Masse kochen. Falls zu flüssig, mit Semmelbröseln binden. In eine Form füllen und kühl aufbewahren.

Eierpastete II

1/2 Tasse Milch, 100 g Butter, 1/2 TL Senf, 1/2 TL Sardellenpaste, Salz, Pfeffer, 20 g Hefe, 2 hartgekochte Eier.

Milch, Butter, Senf, Sardellenpaste, Salz, Pfeffer und zerdrückte Hefe glattrühren, dann die feingehackten Eier leicht daruntermischen. In eine Form füllen und kühl stellen.

TORTELETTS

Kleine Torteletts, die gewissermaßen die Umhüllung für feine Salate und Füllungen bilden, sind für eine Cocktail-Party ausgesprochen praktisch. Man kann sie ohne Besteck verzehren und ohne weiteres einige Tage zuvor backen. Damit sie nicht weich werden, müssen sie allerdings sorgfältig verschlossen aufbewahrt werden. Das Grundmaterial ist ein salziger Pasteten- oder Blätterteig, den man am einfachsten tiefgekühlt kauft. Er wird dünn ausgerollt und in flache, gefettete Tortelettförmchen von ca. 3–5 cm Durchmesser und 1,5 cm Höhe gedrückt. Darauf einige getrocknete Bohnen oder Erbsen geben, damit der Teig nicht zu hoch aufgeht, und im heißen Ofen backen. Bohnen oder Erbsen entfernen, Torteletts auskühlen lassen und füllen. Es vereinfacht die Arbeit, wenn man fertige Torteletts kauft; sie sollten aber nochmals kurz aufgebacken werden.

Torteletts norwegische Art

Kartoffelsalat, geräucherter Hering, Mayonnaise, Petersilie, 1 hartgekochtes Ei, Torteletts.
Kartoffelsalat und feingehackten geräucherten Hering mit Mayonnaise und gewiegter Petersilie vermischen, Torteletts füllen und mit dem feingehackten hartgekochten Ei hübsch verzieren.

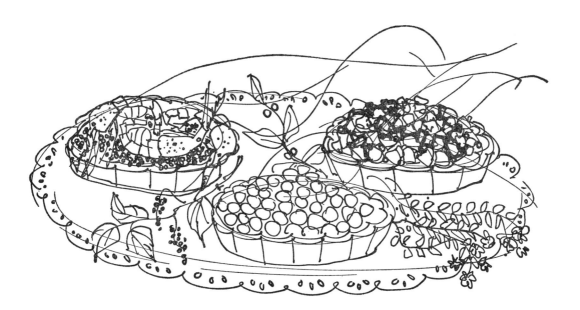

Torteletts Nizzaer Art

Feingewiegte Zwiebeln, Öl, Tomaten, Oregano, Salz, Pfeffer, Torteletts, Thunfisch, Petersilie.

Zwiebel in Öl glasig dünsten, dann geschälte, entkernte Tomaten dazugeben, mit einer Prise Oregano, Salz und Pfeffer würzen und einkochen lassen, bis die Masse ganz dick ist. In die Torteletts füllen, den mit einer Gabel zerdrückten Thunfisch darauflegen und mit feingehackter Petersilie verzieren.

Torteletts Adria-Art

Kleine Muscheln (Vongole) aus der Dose, Tomaten, Öl, Salz, Pfeffer, Oregano, Torteletts, Oliven.

Gesäuberte Vongole mit abgezogenen, entkernten Tomaten in Öl einige Minuten dünsten, mit Salz, Pfeffer und Oregano abschmecken. Torteletts füllen und mit feingehackten grünen Oliven verzieren.

Torteletts venezianische Art

Große schwarze Muscheln, Öl, Torteletts, Béchamel-Sauce, süße Sahne.

Muscheln aussortieren und gründlich waschen, in einen Topf geben, wenig Wasser und 2–3 EL Öl dazugießen und zugedeckt bei schwacher Hitze so lange kochen (ca. 5 Minuten), bis sich die Muscheln öffnen. Topf ab und zu schütteln. Dann die Muscheln herausnehmen, auskühlen lassen und in die Mitte jeder Tortelett-Form eine Muschel legen. Dicke Béchamel-Sauce mit etwas Sahne verrühren und die Muscheln damit bedecken.

Torteletts Miami-Art

Ananasscheiben, Ölsardinen ohne Gräten, Tomaten-Ketchup, Zitronensaft, Torteletts.
Ananas und Ölsardinen etwa zu gleichen Teilen durch den Wolf drehen, dann Tomaten-Ketchup und einige Tropfen Zitronensaft dazugeben, gut verrühren und die Torteletts füllen.

Torteletts spanische Art

Gekochter, feingewiegter Spinat, etwas geriebener Parmesan, Béchamel-Sauce, Salz, Pfeffer, Scampi.
Spinat und Parmesan zu einer dicken Béchamel-Sauce rühren, salzen und pfeffern. Die Torteletts zur Hälfte damit füllen und mit Scampi bedecken.

Torteletts russische Art

Hartgekochte Eier, Mayonnaise, Kaviar, Zwiebel, Schnittlauch, Salz, Pfeffer, Torteletts, Zitrone.
Hartgekochte, feingehackte Eier mit Mayonnaise, Kaviar, geriebener Zwiebel, feingehacktem Schnittlauch, Salz, Pfeffer und Zitronensaft zusammenrühren. Torteletts füllen und mit hauchdünn geschnittenen geschälten Zitronenscheiben garnieren.

Torteletts bulgarische Art

Aubergine (Eierfrucht), gewiegte Zwiebel, Öl, geschälte, zerkleinerte Tomaten, Salz, Knoblauchsalz, Oregano, Torteletts.
Aubergine schälen, in kleinere Stücke schneiden; Zwiebel in Öl glasig dünsten, Aubergine mit Tomaten dazugeben, mit Salz, Knoblauchsalz

und einer Prise Oregano würzen und gar dünsten. Auskühlen lassen und die Torteletts füllen.

Torteletts Hamburger Art

Bratwürstchen, Öl, Torteletts, Dill-Salzgurken.
Bratwurstmasse aus dem Wurstdarm drücken, braten und in Torteletts füllen. Mit Scheiben von Dill-Salzgurken bedecken.

Torteletts griechische Art

Hackfleisch, Fett, Salz, Pfeffer, Béchamel-Sauce, Torteletts, schwarze und grüne Oliven.
Hackfleisch in wenig Fett so lange dünsten, bis das Fleisch gleichmäßig grau ist, dann salzen und nach Geschmack pfeffern. Auskühlen lassen und mit so viel dicker Béchamel-Sauce verrühren, daß eine dicke Masse entsteht. Torteletts füllen und mit den entkernten Oliven verzieren.

PIROSCHKI

Piroschki sind eine Spezialität aus dem alten Rußland, die in vielfachen Variationen dort auch heute noch in Mengen verzehrt werden. Leider – oder gottlob – sind sie bei uns noch recht wenig bekannt. Sie werden also bei Ihrer Cocktail-Party gewiß damit Aufsehen erregen. Natürlich eignen sie sich auch als leckere Happen, beispielsweise zum Fernseh- oder zwanglosen Weinabend. Den Hefeteig können Sie fertig beim Bäcker kaufen oder wie folgt bereiten.

Grundrezept für den Hefeteig

500 g Mehl, 3 Eigelb, $\frac{1}{2}$ TL Salz, 20 g Zucker, 50 g Butter, $\frac{1}{2}$ l Milch, 20 g Hefe.

Das Mehl in eine tiefe Schüssel geben, in die Mitte eine Vertiefung machen, das Eigelb hineinschlagen, Salz, Zucker, zerlassene Butter und die in lauwarmer Milch aufgelöste Hefe dazugeben. Alles so lange schlagen, bis der Teig glatt ist und große Blasen schlägt. Dann mit einer Serviette bedecken und an einem warmen Ort aufgehen lassen.

Herstellung der Piroschki

Den aufgegangenen Hefeteig halbfingerdick auswalken und in 10 cm lange, 6 cm breite Stücke schneiden. Diese Rechtecke füllen, die Ränder mit Wasser oder Milch anfeuchten, der Länge nach zusammenschlagen und die Kanten gut aneinanderdrücken. Jetzt noch einmal eine halbe Stunde aufgehen lassen. Piroschki auf ein gefettetes, leicht mit Mehl bestreutes Backblech legen, mit verquirltem Ei bestreichen und im heißen Ofen hellbraun backen.

Die obige Teigmenge gibt ca. 15 Piroschki. Sie schmecken warm und kalt gleich vorzüglich und wurden in ihrer russischen Heimat immer mit kräftiger Rindfleischbrühe gereicht.

Die Zutaten in den folgenden Rezepten reichen ebenfalls für 15 Piroschki.

Piroschki mit Fleisch

400 g Hackfleisch (halb Rind, halb Schwein), 1 Zwiebel, 80 g Fett, Salz, Pfeffer, 1 hartgekochtes Ei.
Feingehackte Zwiebel in Fett glasig dünsten, Hackfleisch dazugeben, salzen, stark pfeffern und gar dünsten. Wenn ausgekühlt, feingehacktes Ei dazugeben und die Piroschki füllen.

Piroschki mit Fisch

500—750 g Fischfilet, Salz, Pfeffer, 60 g Fett, 1 Zwiebel, 1 Bund Dill, 2 hartgekochte Eier.
Das Fischfilet ganz klein hacken, salzen, pfeffern und in Fett halbgar dünsten; dann die feingehackte Zwiebel dazugeben und fertig dünsten. Mit feingehacktem Dill und kleingehackten

Eiern vermengen. Auskühlen lassen und dann erst die Piroschki füllen.

Piroschki mit Kaviar

500 g gekochtes Fischfilet, 100 g Kaviar, 3 EL geriebene Zwiebel, 2 hartgekochte Eier, Salz, Cayennepfeffer.

Das abgetropfte, ausgekühlte Fischfilet zerkleinern, mit Kaviar, Zwiebeln und feingehackten Eiern vermischen. Stark würzen und in Piroschki füllen.

Piroschki mit Eiern

8 hartgekochte Eier, je 1 Bund Dill, Petersilie und Schnittlauch, Salz, Pfeffer.

Eier und Kräuter fein hacken und mit Gewürzen vermischen und Piroschki damit füllen.

Piroschki mit Weißkraut

750 g bis 1 kg Weißkraut, Salz, 3 Stück Würfelzukker, 60 g Fett, Pfeffer.

Die äußeren Blätter entfernen, Kraut fein hobeln, salzen, gut durcheinandermischen und eine Viertelstunde stehen lassen. Dann ganz fest ausdrücken, mit Zucker in heißes Fett geben und so lange dünsten, bis das Kraut schön braun wird. Oft umrühren und hin und wieder etwas Wasser zugeben, aber immer nur 1–2 Löffel. Das Kraut darf nicht matschig werden. Zum Schluß stark pfeffern, auskühlen lassen und Piroschki füllen.

HEISSE PIZZETTE

Pizzette, das sind kleine Pizze, sind ausgesprochen geeignet für die kleine Gästebewirtung. Grundmaterial und Zutaten sind natürlich die gleichen wie bei der Orignal-Pizza, nur sind die Pizette nicht tellergroß, sondern haben einen Durchmesser von 10 cm. Man ißt sie ohne Messer und Gabel ganz einfach mit der Hand unter Zuhilfenahme einer Papierserviette; wenn man will, kann man sie natürlich auch zusammenklappen.

Grundmaterial
ist Brotteig (beim Bäcker zu haben). Will man den Teig nicht sofort verwenden, wird er kühl aufbewahrt, damit er nicht noch einmal geht. Zur Vereinfachung kann man auch tiefgekühlten Blätterteig verwenden.

Beim Verarbeiten legt man den Teig auf eine mit Mehl bestäubte Arbeitsplatte, formt mit bemehlten Händen kleine Bällchen und rollt jedes einzelne kreisförmig aus. Auf diese Teigplatten träufelt man etwas Öl, belegt sie mit der gewünschten Fülle, gibt sie auf ein mit Öl bepinseltes Kuchenblech und bäckt sie im heißen Backofen bei ca. 220° C ca. 10–15 Minuten.

Wenn das Ausrollen der einzelnen kleinen Teigscheibchen zu viel Mühe macht, kann man natürlich auch den Teig dünn auf einem Blech ausrollen, ihn mit Belag versehen, abbacken und dann in Quadrate schneiden. Aber ganz echt ist das nicht. Für ein Blech benötigt man Hefeteig von etwa 250 g Mehl (Rezepte s. Seite 57 Piroschki). Von dieser Teigmenge bekommt man etwa 8—10 Pizzetten.

Belag

Der Phantasie sind bei der Auswahl des Belages nahezu keine Grenzen gesetzt.

Man verwendet: geschälte und entkernte Tomaten (möglichst die länglichen Lucullus-Tomaten aus der Dose), Anchovis, Büffelkäse (Mozarella), Zwiebeln, Pilze, Schinken, Kochsalami, Eier, Muscheln, grüne und schwarze Oliven, Artischocken, Peperoni usw.; es eignet sich auch fast jede Art von Schalentieren, Fisch, Fleisch und Gemüse in passenden Kombinationen. Und als Gewürz: Salz, Pfeffer, Oregano, Basilikum und Knoblauchsalz.

Pizzette mit Tomaten

Gut 1 kg Tomaten, Knoblauchsalz, Salz, Pfeffer, Oregano, Öl.

Die geschälten, zerkleinerten Tomaten mit dem Gewürz einige Minuten in Öl dünsten; die Pizzette nicht ganz bis zum Rand damit belegen und backen.

Pizzette mit Mozarella

Gut 1 kg Tomaten, Knoblauchsalz, Salz, Pfeffer, Oregano, Anchovis, ca. 300 g Mozarella (Büffelkäse).

Wie oben einen dicken Tomatenbrei bereiten, auf die Pizzette verteilen, zerkleinerte Anchovis und kleine Würfel Mozarella darauflegen. Backen.

Pizzette mit Salami

Gut 1 kg Tomaten, Salz, Pfeffer, Basilikum, Oregano, ca. 200 g Salami, 200 g Mozarella.

Auf den Teig geschälte Tomatenscheiben legen, salzen, pfeffern, mit Basilikum und Oregano würzen. Darauf je eine Scheibe Salami und eine dünne Scheibe Mozarella. Backen.

Pizzette mit Thunfisch

Gut 1 kg Tomaten, Salz, Pfeffer, Öl, 200 g Thunfisch aus der Dose, Kapern, grüne Oliven.

Einen dicken Tomatenbrei zubereiten (siehe Pizzette mit Tomaten) und auskühlen lassen. Thunfisch aus dem Öl nehmen, mit der Gabel zerdrücken, mit Kapern und dem Tomatenbrei vermischen. Den Teig damit belegen und entkernte Oliven darauf verteilen. Backen.

Pizzette mit Muscheln

250 g kleine Muscheln (Vongole) aus der Dose, Öl, gut 1 kg Tomaten, Salz, Pfeffer, Oregano.

Muscheln in heißes Öl geben und mit der Hälfte des eigenen Saftes aufgießen; aufkochen lassen. Tomaten schälen, zerkleinern, dazugeben, salzen, stark pfeffern und nochmals aufkochen. Auf dem

Teig gleichmäßig verteilen. Oregano darüber streuen, backen.

Pizzette mit Zwiebel

Ca. 1,5 kg Zwiebel, Öl, Salz, Pfeffer, 20—30 schwarze entkernte Oliven.

Zwiebel in dünne Scheiben hobeln, in heißem Öl bei milder Hitze langsam glasig dünsten. Gleichmäßig auf die Pizzette verteilen, salzen, pfeffern und auf jedes Stück 2–3 Oliven geben. Backen.

Pizette mit Pilzen

300 g Mozarella, 750 g Pilze (auch aus der Dose), Öl, Salz, Pfeffer.

Mozarella ganz fein hacken oder reiben. Pilze in dünne Scheiben schneiden, in Öl dünsten, mit dem eigenen Saft aufgießen, salzen, pfeffern. Den Teig mit Mozarella und Pilzen belegen, backen.

Pizzette mit Schinken

3 Eier, 120 g geriebener Parmesan, 6 Eßlöffel Milch, 300 g gehackter Schinken, Salz, Pfeffer, 200 g Mozarella.

Eier mit Parmesan, Milch und Schinken gut verrühren, salzen und stark pfeffern. Den Teig gleichmäßig damit bestreichen, dünne Scheiben Mozarella darauflegen, backen.

HEISSE COCKTAIL-SPIESSCHEN

Pikante, schön heiß servierte Spießchen erfreuen sich auf jeder Cocktail-Party großer Beliebtheit und bilden zu den meist alkoholischen Getränken eine angenehme Ergänzung. Selbstverständlich kann man die hier genannten Variationen auch in größere Spießchen für Grill-Parties und in Hauptgerichte abwandeln.

Obwohl Metall- oder gar Silber-Spießchen eleganter sind, ist es trotzdem ratsamer, Holzstäbchen zu benützen. Metall bleibt zu lange heiß, man verbrennt sich den Mund damit. Wer aber die Mühe nicht scheut, nimmt das fertig Gegrillte von den Holzstäbchen ab und steckt es ganz schnell auf Metall-Spießchen auf. Plastikspieße würden die Hitze nicht vertragen.

Man richtet die Spießchen auf einer vorgewärmten Platte oder auf einem Tablett an und reicht dazu ein oder mehrere Dips, würzig und pikant (s. S. 18 f.). Jeder kann nach Belieben dippen und sich außerdem von den Weißbrotwürfeln nehmen, die auf einem Teller aufgehäuft sind.

Paprikaspießchen

Rindsfilet, Paprikaschoten, Perlzwiebeln, Öl, Salz, Pfeffer.

Rindsfilet in ca. 2 cm große Würfel schneiden. Gewaschene Paprikaschoten halbieren, von den Samen befreien und in Stücke schneiden. Abwechselnd mit Perlzwiebeln locker auf die Spießchen aufreihen: pro Spieß 2 Fleischstückchen und 3 Perlzwiebeln. Mit Öl bepinseln, auch den Grillrost ganz dünn mit Öl bepinseln und die Spießchen darauflegen. Im heißen Grill etwa 8 Minuten von allen Seiten grillen. Dann pikant würzen und heiß servieren.

Miniatur-Schaschlik

Hammelfleisch, Schweinefleisch, Rindsfilet, Frühstücksspeck, Perlzwiebeln, Öl, Salz, Pfeffer.

Fleisch in ganz kleine Würfel, Speck in messerrückendicke Scheiben schneiden. Alle Zutaten abwechselnd locker auf Spießchen stecken, mit Öl bestreichen und im heißen Grill unter häufigem Wenden ca. 8 Minuten grillen. Notfalls können die Spieße auch in der Pfanne gebraten werden. Pikant würzen und heiß servieren.

Jugoslawische Spießchen (Rasnici)

Kalbfleisch, Schweinefleisch, Perlzwiebeln, Salz, Pfeffer.

Das Fleisch in kleine, etwa 2 cm große Würfel schneiden und abwechselnd mit Zwiebeln auf Spießchen stecken. Im heißen Grill ca. 5–8 Minuten grillen, notfalls in der Pfanne braten. Dann salzen und stark pfeffern. Heiß servieren.

Pikante Leberspießchen

Kalbsleber, Milch, Frühstücksspeck, Perlzwiebeln, ganz kleine Champignons aus der Dose, Öl, Salz, Pfeffer.

Kalbsleber häuten und $1/_2$ Stunde in Milch legen. Dann abtropfen lassen und in 2 cm große Würfel schneiden. Speck in kleinfingerbreite Streifen schneiden. Die verschiedenen Zutaten abwechselnd locker auf Spießchen aufreihen und allseits dünn mit Öl bestreichen. Die Spießchen in den heißen Grill und ca. 8 Minuten von allen Seiten grillen. Notfalls können die Spieße auch in der Pfanne gebraten werden. Pikant würzen und heiß servieren.

Hühnerleber am Spieß

Hühnerleber, Frühstücksspeck, gefüllte grüne Oliven, Öl, Salz, Pfeffer.

Hühnerleber gründlich säubern und waschen, in gleichmäßige kleine Stücke schneiden, in dünn geschnittenen Speck wickeln und abwechselnd mit Oliven auf Spießchen aufreihen. Mit Öl bestreichen und im heißen Grill ca. 8 Minuten grillen. Öfters wenden. Notfalls in der Pfanne braten. Stark würzen und heiß servieren.

Spießchen Hawaii

Schweinsleber, Milch, Ananas aus der Dose, Frühstücksspeck, Öl, Salz, Pfeffer.

Die enthäutete Leber $1/_2$ Stunde in Milch legen und in kleine Würfel schneiden, ebenso die Ananas. Leber und Ananas einzeln in hauchdünn geschnittenen Speck wickeln und abwechselnd auf Spießchen stecken, mit Öl bestreichen und im heißen Grill schön braun werden lassen. Notfalls in der Pfanne braten. Zwischendurch einige Male mit Öl bestreichen. Dann würzen und heiß servieren.

Debrecziner Spießchen

Debrecziner, Weißbrot, Paprikaschoten, Öl, Salz, Pfeffer.
Debrecziner auf die Länge von Cocktail-Würstchen schneiden, Weißbrot ohne Rinde in Würfel und entkernte Paprikaschoten in kleine Stücke schneiden. Pro Spießchen je 1 Stück Debrecziner und Brot, sowie 2 Stück Paprikaschoten aufreihen. Mit Öl bestreichen, grillen oder braten, stark würzen und heiß servieren.

Gegrillte Cocktail-Würstchen

Frühstücksspeck, scharfer Senf, Cocktail-Würstchen, Öl, Salz, Pfeffer.
In hauchdünn geschnittene, sparsam mit Senf bestrichene Speckscheiben Würstchen einwickeln. Je 2–3 Stück davon auf einen Spieß stecken. mit Öl bestreichen und im heißen Grill ca. 5 Minuten grillen. Notfalls in der Pfanne braten. Stark würzen und heiß servieren.

Champignons am Spieß

Frische oder Dosen-Champignons, Frühstücksspeck, Öl, Salz, Pfeffer, evtl. Zitronensaft.
Den Stiel der Champignons ganz abschneiden und in die Höhlung der Köpfe einen kleinen Speckwürfel legen. Wer den Speck rösch liebt, wickelt jeweils ein Streifchen um den Champi-

gnon. Je 2 Köpfe auf einen Spieß stecken, mit Öl bestreichen und im heißen Grill oder der Bratpfanne hellbraun werden lassen. Dann stark würzen und heiß servieren.

Am besten schmecken natürlich frische Champignons. Man suche ganz weiße Köpfe aus, wasche sie gründlich, schäle sie aber nicht und beträufele sie mit Zitronensaft.

Obstspießchen

Ananas, Bananen, Pflaumen, Zitronensaft, Frühstücksspeck, Öl.

Ananas in Würfel, geschälte Bananen in fingerdicke Scheiben schneiden und mit Zitronensaft beträufeln, Pflaumen der Länge nach halbieren und entkernen. Jedes Stück in dünn geschnittenen Speck wickeln, abwechselnd auf Spießchen stecken, dünn mit Öl bestreichen und im heißen Grill, notfalls in der Pfanne, braten. 5 Minuten grillen. Ab und zu wenden, heiß servieren.

Je nach Jahreszeit kann man neben Ananas und Bananen auch anderes Obst verwenden, z. B. saure Äpfel, Aprikosen, Pfirsiche, Birnen. Man muß nur darauf achten, daß das Obst nicht zu reif, sondern noch ganz fest ist, sonst zieht es zu viel Saft. Durch Beträufeln mit Zitronensaft kann man das Braunwerden vermeiden.

HEISSE SCHLEMMEREIEN AUS KRUSTEN- UND SCHALENTIEREN

Krusten- und Schalentiere, wie Muscheln, Krabben, Scampi, Hummer und Austern, gehören zu den von Feinschmeckern beliebten Köstlichkeiten. Obendrein sind sie kalorienarm, aber leider – bis auf die Muscheln – meist sehr kostspielig.

Während der Wintermonate bekommt man die Muscheln frisch. Sie werden sorgfältig gebürstet und gereinigt; zerstoßene und geöffnete Muscheln darf man nicht verwenden. Man gibt sie ungefähr 5 Minuten in einen Weißweinsud, der mit Zwiebeln, Suppengrün und Salz würzig abgeschmeckt wurde. Während der Sommermonate nimmt man Muscheln aus der Dose oder dem Glas; allerdings sind diese häufig gewürzt.

Krabben und Scampi gibt es frisch, tiefgekühlt oder in Gläsern und Dosen. Hummer wird zumeist aus Dosen verwendet.

Austern werden während der Wintermonate frisch angeboten – man achte unbedingt auf frische Ware.

Muscheln auf amerikanische Art

Muscheln, Ei, Mehl, Salz, Pfeffer, Öl, Zitronenschnitten.

Die in wenig Wasser in einem Topf erhitzten Muscheln werden ausgelöst, gesäubert und gehackt. Man bereitet aus ihnen mit etwas Muschelwasser, Ei, Mehl, Salz und Pfeffer einen geschmeidigen Teig, von dem man mit dem Teelöffel kleine Häufchen in heißes Öl gibt und auf beiden Seiten goldgelb bäckt. Sie werden auf Zahnstocher gespießt auf einem Teller aufgehäuft und mit Zitronenschnitten garniert.

Gratinierte Muscheln

Muscheln, Öl, Cayennepfeffer, geriebener Parmesan.
Die in wenig Wasser in einem Topf erhitzten Muscheln werden ausgelöst. Man behält die größeren Hälften der Schalen zurück, legt die Muscheln wieder hinein, beträufelt sie mit Öl und streut Pfeffer und Parmesan darüber. Dann legt man sie auf ein mit viel Salz bestreutes Backblech und überbäckt sie ca. 5 Minuten in der heißen Röhre. Die Muscheln werden in der halben Schale auf eine flache mit Salz bestreute Platte gelegt und so serviert.

Gebackene Muscheln

Muscheln, Weißwein, Zitronensaft, Palatschinkenteig (s. S. 81), Öl, Cayennepfeffer.
Muscheln wie oben angegeben auslösen, in eine Schüssel legen und mit einer Mischung von Wein und Zitronensaft zu gleichen Teilen bedecken. 1/2 Stunde lang marinieren, abtropfen lassen,

in Palatschinkenteig tauchen und in heißem Öl heiß servieren.

Gebackene Langusten

Langusten aus der Dose, Palatschinkenteig (s. S. 81), Öl, Zitronen, evtl. Bier, Tequilla, Sojasauce, Sherry.

Langusten gut abtropfen lassen, in Palatschinkenteig tauchen und in heißem Öl goldgelb backen und mit Zitronenschnitzen servieren. Man kann die Langusten auch vor dem Tauchen für 15 Minuten in Bier legen und abtropfen lassen. Oder einige Minuten lang in Tequila marinieren, oder sie 15 Minuten lang in einer Mischung von halb Sojasauce, halb Sherry marinieren.

Hummer chinesische Art

2 EL Kastanienpüree aus der Dose, 1 Dose kleingeschnittener Hummer, 1 großer, feingeraspelter saurer Apfel, 3 Eier, Mehl, Öl.

Kastanienpüree, Hummer und Apfel gut zusammenmischen. Eier mit Mehl zu einem festen Teig kneten, ganz dünn auswalken und in 5 x 10 cm große Rechtecke schneiden. Hummermischung in die Mitte geben, zu schmalen Rollen formen und von beiden Enden her in entgegengesetzter Richtung drehen. In heißem Öl schwimmend goldgelb backen, sofort servieren.

Krabbenfelsen

6 EL Béchamel-Sauce (s. S. 17), 200 g Krabben aus der Dose, Salz, Pfeffer, edelsüßer Paprika, 1 Ei, Semmelbrösel, Öl.

In eine dicke Béchamel-Sauce Krabben, Salz, Pfeffer und so viel Paprika einrühren, daß die Masse eine rosa Farbe annimmt. Unter ständigem Rühren 10–15 Minuten kochen, dann auskühlen lassen. Mit einem Teelöffel unregelmäßige Klößchen formen, in Ei und Semmelbröseln wälzen und in heißem Öl goldgelb backen. Auf einem Teller aufhäufen und heiß servieren.

Scampi in Calvados

$^1/_2$ l Apfelwein oder Apfelmost, 2 Gläschen Calvados, Salz, Pfeffer, Scampi oder Krabben aus der Dose.
Apfelwein mit Calvados aufkochen, nach Geschmack salzen und pfeffern, Scampi, jeweils 3 auf ein Hölzchen aufgespießt, dazugeben und 5 Minuten kochen lassen. Dann abseihen und

warm oder kalt servieren. Nach Belieben Zitronenschnitten dazureichen.

Austern mit gegrillter Zwiebel

Austern, Butter, dünne Zwiebelscheiben, feingehackte Petersilie.
Austern aus der Schale nehmen, in Butter ganz kurz dünsten. Zwiebelscheiben grillen. Austern auf einen flachen Teller nebeneinander legen, darauf mit Zahnstocher je eine Scheibe Zwiebel feststecken, mit Petersilie bestreuen, heiß servieren.

Austern in Speckwickeln

Austern, hauchdünne Speckscheiben, Cayennepfeffer.
Austern aus der Schale nehmen und jede in eine

Speckscheibe wickeln. Im heißen Backofen einige Minuten backen oder grillen, bis der Speck goldgelb wird. Auf flachen Teller legen, mit Cayenne-Pfeffer bestreuen, in jede Auster einen Zahnstocher stecken und heiß servieren.

Austern Hamburger Art

Austern, geriebener Parmesan, Ei, Semmelbrösel, Butter.

Austern aus der Schale nehmen, abtrocknen, zuerst in Parmesan, dann in Ei und Semmelbröseln wenden, in einer kleinen Pfanne in Butter goldgelb backen, heiß servieren.

Austern Nora

Austern, Palatschinkenteig (s. S. 81), Öl, Zitronenschnitten.

Austern aus der Schale nehmen, abtrocknen, in ziemlich dicken Palatschinkenteig tauchen und im Drahtsieb in heißem Öl schwimmend backen. Auf einem flachen Teller anrichten, Zahnstocher hineinstecken, mit Zitronenschnitten verzieren, heiß servieren. Dazu paßt ausgezeichnet Zigeunersauce (s. S. 20).

AUS DER FRITTEUSE

Fast alle Gäste lieben die goldbraunen, in Fett ausgebackenen knusprigen Leckereien, die durch ihren hohen Fettgehalt den Alkohol der Cocktails verseifen helfen. Man gibt wahlweise Pflanzenöl, Palmin oder Schweineschmalz in einen eisernen Topf oder eine Fritteuse mit Thermostat und erhitzt das Fett auf 180° C. Wenn man ein Hölzchen in das Fett hält und kleine Bläschen aufsteigen, ist es heiß genug. Vorsicht, wenn man mehrere Fettsorten mischt, ist die Gefahr des Überschäumens groß. Butter ist nicht geeignet.

Ausgebackene Artischockenböden

Artischockenböden aus der Dose, Palatschinkenteig (s. S. 81), Öl.
Artischocken gut abtropfen lassen, in Palatschinkenteig tauchen, in heißem Öl goldgelb ausbakken, heiß servieren.

Ausgebackene Champignons

Frische Champignons, Salz, Pfeffer, Mehl, Eier, Semmelbrösel, Öl, Tatar sauce (fertig zu kaufen).
Für diesen Zweck ist es ratsam, gleichmäßige, kleinere Champignons zu nehmen, die nicht größer sind als ein Happen. Stiele abschneiden, die Pilze gründlich säubern, waschen und ab-

tropfen lassen. Dann salzen, pfeffern, nacheinander mit Mehl, verquirltem Ei und Semmelbröseln panieren und in heißem Öl goldgelb backen. Heiß auftragen und Tatar-Sauce dazu servieren.

Ausgebackene Tomaten-Krapfen

6 Tomaten, 50 g Butter, 1 TL Fleischextrakt, Salz, Pfeffer, Palatschinken (s. S. 81 f), Öl.
Tomaten schälen, vierteln, Saft und Kerne herausdrücken und in Butter dünsten. Sobald die Masse fest ist und alle Flüssigkeit verkocht ist, Fleischextrakt dazugeben, salzen, pfeffern, gut umrühren und im Kühlschrank ganz auskühlen lassen. Dann nußgroße Kugeln formen, diese in Palatschinkenteig tauchen und in heißem Öl goldgelb ausbacken.

Steinpilz-Plätzchen

300 g Steinpilze, 40 g Butter, 1¹/₂ Semmeln, 2 Tassen Milch, 2 Eier, Salz, Pfeffer, Semmelbrösel, Öl.
Pilze gut säubern, waschen und fein hacken. In Butter dünsten und auskühlen lassen. Dann mit den in Milch eingeweichten, ausgedrückten Semmeln und den Eiern gut zusammenmischen, salzen, pfeffern und so viel Semmelbrösel dazugeben, daß man die Masse zu kleinen frikadellenartigen Plätzchen formen kann. Diese in Semmelbröseln wälzen und in heißem Öl ausbacken.

Zarte Käsebällchen

3 Eiweiß, 75 g geriebener Emmentaler, Semmelbrösel, Öl.
Eiweiß zu festem Schnee schlagen, dann vorsichtig Käse darunterrühren. Nußgroße Bällchen

formen, diese in Semmelbröseln wälzen und in heißem Öl schwimmend ausbacken.

Käse-Krokant

100 g geriebener Emmentaler, 100 g Mehl, $^1/_2$ Tasse gekochte, kalte Milch, Salz, Öl.

Alle Zutaten zu einem nicht klebrigen Teig kneten, dann ganz dünn auswalken, kleine runde Plätzchen ausstechen und in heißem Öl hell ausbacken.

Ausgebackener Emmentaler

Emmentaler, Mehl, Ei, Semmelbrösel, Öl.

$^1/_2$ cm breite und dicke, fingerlange Emmentalerstäbchen in Mehl, Ei und Semmelbröseln zweimal panieren und in heißem Öl goldgelb ausbacken.

Ausgebackene Käsekroketten

100 g Butter, 120 g Mehl, $^1/_2$ l Milch, 250 g geriebener Parmesan, Salz, Cayenne-Pfeffer, 2 Eiweiß, Semmelbrösel, Öl.

Aus Butter und Mehl helle sehr dicke Einbrenne machen, unter ständigem Rühren heiße Milch dazugießen und aufkochen lassen. Parmesan einrühren, mit Salz und Cayenne-Pfeffer abschmekken. Die Masse ungefähr 2 cm dick auf ein Blech streichen, Folie, die mit Butter bepinselt wurde, darüberdecken und ganz auskühlen lassen. Nach Belieben in verschiedene Formen ausstechen oder kleine Klößchen formen, sehr sorgfältig mit Eiweiß und Semmelbröseln panieren und in heißem Öl goldgelb ausbacken.

Ausgebackene Kalbshirn-Happen

Kalbshirn, Salz, Pfeffer, 1 Bund Petersilie, Semmelbrösel, Eiweiß, Öl.

Kalbshirn in kaltes Wasser legen, gründlich säubern, Haut und Blutgefäße entfernen. Dann in kochendes Wasser geben, einige Minuten ziehen lassen, herausnehmen, gut abtropfen und auskühlen lassen. Das Hirn fein hacken, salzen, pfeffern, feingehackte Petersilie dazugeben und mit so viel Semmelbröseln vermengen, daß man die Masse gut formen kann. Mit feuchten Händen kleine Klöße drehen, diese in Eiweiß und Semmelbröseln wälzen und in heißem Öl ausbacken.

Ausgebackene Schinkenwickel

Cocktail-Cornichons, magerer, hauchdünner roher Schinken, Pfeffer, Mehl, Ei, Semmelbrösel, Öl.

Cocktail-Cornichons in Schinken wickeln, mit Zahnstochern zusammenstecken, pfeffern, mit Mehl, Ei und Semmelbröseln panieren und in heißem Öl schnell goldgelb backen.

Ausgebackene Fleischklößchen

500 g gehacktes mageres Schweinefleisch, 50 g gehackter Frühstücksspeck, 1 Semmel, 2 Eier, Salz, Pfeffer, Semmelbrösel, Öl, 40 g Butter, Senf-Sauce (s. S. 20).

Hackfleisch, Frühstücksspeck, in Wasser eingeweichte und gut ausgedrückte Semmel, Eier, Salz und nach Geschmack Pfeffer gut miteinander verkneten, nußgroße Klößchen formen, diese in Semmelbröseln wälzen und in heißem Öl knusprig ausbacken. Gut abtropfen lassen, dann in eine feuerfeste Form geben, Butterflocken darüber verteilen und für 10 Minuten in den warmen Ofen schieben. Heiß servieren, dazu Senf-Sauce.

Frikadellen mit Keta-Kaviar

1 Semmel, 500 g Tatar (Beefsteak-Hack), 1 Eigelb, 2 EL geriebene Zwiebeln, 1 TL feingehackter Dill, Salz, Pfeffer, einige Tropfen Tabasco, Öl, 100 g Keta-Kaviar.

Die eingeweichte und gut ausgedrückte Semmel mit Fleisch, Eigelb, Zwiebel, Dill zusammenkneten und mit Salz, Pfeffer und Tabasco würzen. Kleine Frikadellen formen und in heißem Öl ausbacken. Wenn ausgekühlt, eine Schicht Keta-Kaviar daraufstreichen.

AUSGEBACKENE COCKTAIL-PALATSCHINKEN

Diese appetitlichen und schmackhaften „Happen" sind eine angenehme Überraschung für die Gäste. Wirklich einmal etwas anderes! Mit den beliebten asiatischen Frühlingsrollen sind sie eng verwandt. Die Arbeit wird dadurch vereinfacht, daß man die Palatschinken (so heißen sie in Österreich, in Süddeutschland sagt man Pfannkuchen und in Norddeutschland Eierpfannkuchen – nur sind die Palatschinken hauchdünn, fast durchsichtig) einige Stunden früher oder sogar am Vorabend backen kann. Sie werden zugedeckt im Kühlschrank aufbewahrt und erst kurz vor dem Servieren gefüllt und ausgebacken. In ihrer endgültigen Form sollen sie nicht größer sein als Kroketten. Man bäckt sie deshalb in einer sehr kleinen Pfanne, und zwar nur halb so groß wie die üblichen Palatschinken, also etwa 15 cm im Durchmesser. Dann gibt man die Fülle in die Mitte, schlägt links und rechts ein Stück der Palatschinken darüber und rollt sie auf, so daß sie schließlich die Form von Kroketten haben. Sie werden erst in Mehl, dann in Ei und Semmelbrösel paniert, schwimmend in heißem Öl goldgelb gebacken und auf einer vorgewärmten Platte angerichtet.

Wer sie weniger kalorienreich liebt, verklebt die Päckchen mit einer Mischung aus Mehl und Wasser und bäckt sie dann in Fett aus. Man greift sie sich am besten mit einer kleinen Papierserviette.

Palatschinken-Teig

200 g Mehl, 2 Eier, $^3/_{10}$ l Milch, 1 Msp Salz, Wasser. *Zum Backen:* Schweineschmalz.

Zubereitung des Teigs: Mehl, Eier, eine Tasse Milch und Salz mit einem Holzlöffel glattrühren und in kleinen Mengen so viel Milch zugießen, daß ein glatter, ziemlich flüssiger Teig entsteht. Wenn der Teig zu fest ist, werden die Palatschinken nicht dünn genug. Falls nötig, noch mit ein wenig Wasser verdünnen. Vor dem Backen 10 Minuten stehen lassen.

Ausbacken des Teigs: Die Pfanne, am besten gelingt es mit einer kunststoffbeschichteten, möglichst mit einer in gewärmtes, flüssiges Schweineschmalz getauchten Feder oder einem Pinsel bestreichen oder einen Teelöffel Fett so in der Pfanne zerlaufen lassen, daß der Pfannenboden gleichmäßig bedeckt ist. Dann mit einem kleineren Schöpflöffel Teig hineingießen, durch Anheben der Pfanne gleichmäßig dünn verteilen und bei guter Hitze schnell backen. Wenn die untere Seite fertig ist, Palatschinken rasch mit einem breiten Messer wenden und die andere Seite ebenfalls ganz kurz backen. Auf diese Weise den ganzen Teig verarbeiten.

Palatschinken mit Garnelen-Füllung

200 g konservierte Garnelen, $^1/_2$ Semmel, 1 Tasse Milch, 50 g Champignons, 30 g Butter, 1 TL feingehackte Petersilie, 2—3 EL saure Sahne, Salz, Cayenne-Pfeffer.

Garnelen (eine Art Krebse) aus dem Sud nehmen, abtropfen lassen. Semmel in Milch einweichen, gut ausdrücken. Feingehackte Champignons in Butter einige Minuten dünsten. Alles mit den übrigen Zutaten mischen, salzen und nach Geschmack pfeffern.

Palatschinken mit Muschel-Füllung

1 Dose Muscheln in Öl, 1 Dose Dorschleber, 1 TL feingehackte Kapern, Cayenne-Pfeffer.

Muscheln und Dorschleber aus der Dose nehmen, gut abtropfen lassen und zerkleinern. Mit Kapern und Pfeffer abschmecken.

Palatschinken mit Gänseleber-Füllung

Ca. 150 g Gänseleber-Pastete aus der Dose, 1 Ei, 1 TL feingehackte Petersilie, Pfeffer.

Gänseleber-Pastete mit Ei und Petersilie glattrühren, nach Geschmack pfeffern.

Palatschinken mit Paprikahuhn-Füllung

1 Zwiebel, 50 g Pflanzenfett, 2 TL edelsüßer Paprika, 1 Hühnerbrust, 2 Hühnerschenkel, 4—5 Hühnerlebern, Salz, 2—3 EL saure Sahne.

Feingehackte Zwiebel in Fett glasig dünsten, vom Feuer nehmen, auskühlen lassen, dann erst Paprika zugeben (sonst wird der Paprika braun, anstatt seine charakteristische rote Farbe zu behalten), schließlich die Hühnerstücke und die Lebern. Salzen und zugedeckt mit ganz wenig Wasser gardünsten. Wenn nötig, noch etwas Wasser zugießen, aber immer nur wenig, damit der Saft dick bleibt. Dann das Fleisch vom Knochen lösen, samt Leber fein hacken und mit saurer Sahne und dem Fleischsaft vermischen. Die Masse muß sämig sein, evtl. weniger Saft dazugeben.

Palatschinken mit Kalbfleisch-Füllung

1 Zwiebel, 50 g Pflanzenfett, 250 g Kalbfleisch ohne Knochen, Salz, 2–3 EL saure Sahne.

Fleisch in Würfel schneiden und so zubereiten wie Paprikahuhn. Dann durch den Wolf drehen oder fein hacken und von dem Fleischsaft so viel als nötig verwenden. Saure Sahne dazurühren.

Palatschinken mit Haschee-Füllung

250 g Kalbfleisch, 1 Karotte, 1 Stück Sellerie, Pfefferkörner, Salz, 1 Ei, saure Sahne, Pfeffer, geriebene Zitronenschale.

Kalbfleisch in Salzwasser mit Karotte, Sellerie, Pfefferkörnern ca. 45 Minuten gar kochen, abseihen und – wenn ausgekühlt – fein hacken. Mit Ei und saurer Sahne vermengen. Mit Pfeffer und Zitronenschale abschmecken.

Palatschinken mit Hirn-Füllung

1 Kalbshirn, 50 g Butter, 1 TL feingehackte Petersilie, Salz, Pfeffer, 2 Eier.

Hirn gut waschen, Haut und Blutgefäße entfernen, in kochendes Salzwasser legen, 2–3 Minuten ziehen lassen, dann abseihen, feinhacken, in Butter mit Petersilie dünsten, salzen, pfeffern. Die verschlagenen Eier dazurühren.

Palatschinken mit Schinken-Füllung

250 g feingehackter Schinken, 1 hartgekochtes Ei, 1 rohes Ei, 1 Teelöffel feingehackter Schnittlauch, saure Sahne, Salz, Pfeffer.

Schinken, mit der Gabel zerdrücktes Ei, verquirltes rohes Ei, Schnittlauch und so viel saure Sahne miteinander verrühren, daß eine dicke Masse entsteht. Mit Salz und Pfeffer würzen.

Palatschinken mit Pilz-Füllung

300 g frische Pilze, 1 EL geriebene Zwiebel, 50 g Butter, 1 TL Mehl, Milch, Salz, Pfeffer, 1 TL feingehackte Petersilie, 2 Eigelb.

Pilze gründlich säubern und waschen, fein hakken. Zwiebel in Butter glasig dünsten, Pilze dazugeben und dünsten, bis die entstehende Flüssigkeit eingekocht ist. Dann mit Mehl bestäuben, mit heißer Milch – nach Bedarf – aufgießen, mit Salz, Pfeffer, Petersilie abschmecken und mit Eigelb binden.

ÜBERBACKENE TOASTS

Die Rezepte dieses Kapitels sind nicht für die Cocktail-Party bestimmt, sondern für jene Gäste, die wir auf einen Drink einladen. Sie sind die einzigen des ganzen Buchs, die mit Besteck serviert werden müssen; denn bei den Toasts kommt man nicht ohne Teller und Besteck aus. Andererseits wird die geringe Mehrarbeit reichlich wettgemacht dadurch, daß es genügt, nur eine einzige Sorte von Toasts anzubieten. Die Hausfrau muß also nicht mehrere Variationen nebeneinander vorbereiten.

Die Mengen aller Toast-Rezepte sind für je einen Toast berechnet. Die benötigten Gesamtmengen ergeben sich aus der Anzahl der Gäste.

Im allgemeinen genügen 2 Toasts pro Person. In den meisten Fällen werden die Toasts auf einem Backblech auf der mittleren Schiene im *vorgeheizten* Backofen gebacken. Will man sie grillen, sollte man möglichst einen Abstand von 6–10 cm einhalten, da man nur auf diese Weise wirklich durch und durch heiße Toasts zu Tisch bringen kann. Die Teller sollte man vorwärmen.

Toast Hawaii

Toastbrot, je 1 Scheibe roher Schinken, Ananas, Käse (möglichst mittelalter Gouda), Butter.

Das Brot hell toasten; zuerst Schinken, dann Ananas darauflegen, mit Käse bedecken. Aufs gebutterte Backblech legen und im vorgeheizten Ofen bei mittlerer Hitze (200° C) so lange überbacken, bis der Käse zu schmelzen beginnt.

Toast Williams

Toastbrot, 1 Scheibe roher Schinken, 1 halbe Williams-Christ-Birne aus der Dose, Mayonnaise, 1 Käsescheibe (möglichst mittelalter Gouda), Butter.

Das Brot hell toasten. Schinken und die gut abgetropfte Birne darauflegen. Birne ganz dünn mit Mayonnaise bestreichen und das Ganze mit der Käsescheibe bedecken. Auf gebuttertes Backblech legen und im vorgewärmten Ofen bei mittlerer Hitze (200° C) so lange überbacken, bis der Käse zu schmelzen beginnt. Heiß servieren.

Käsetoast paysanne

Toastbrot, Weißwein, 1 dünne Scheibe Emmentaler, Butter, 1 Spiegelei.

Toastbrot mit etwas Weißwein beträufeln und mit einer Scheibe Emmentaler belegen. Auf gebuttertes Backblech legen und im vorgeheizten Ofen bei starker Hitze (220° C) rasch backen, bis der Käse zu schmelzen beginnt. Mit einem Spiegelei garnieren.

Tomatentoast

Toastbrot, Butter, 2 Käsescheiben, Tomaten, gefüllte grüne Oliven, Salz, Pfeffer.

Das goldgelb getoastete Brot dünn mit Butter bestreichen, 1 Käsescheibe darauflegen, darüber nicht zu dünn quergeschnittene Tomatenscheiben (4 Scheiben bedecken einen Toast) und schließlich eine rund ausgestochene Käsescheibe legen. Mit dünn geschnittenen Oliven verzieren. Aufs gebutterte Backblech legen und im vorgewärmten Ofen bei starker Hitze (220° C) kurz überbacken. Nach Geschmack mit Salz und Pfeffer würzen. Heiß servieren.

Teufelstoast

Toastbrot, Butter, 1 Käsescheibe, Zervelatwurstscheiben, Chilisauce, 1 Eigelb, grüner Paprikaring.
Toastbrot goldgelb toasten und dünn mit Butter bestreichen, eine dünne Käsescheibe darauflegen, darüber die Wurst, nach Geschmack mit Chilisauce bestreichen (Achtung! Sie ist eine höllisch scharfe Pfeffersauce. Auch derjenige, der scharf gewürzte Sachen schätzt, soll vorsichtig damit umgehen). Paprikaring darauflegen und das Eigelb vorsichtig hineingleiten lassen. Aufs gebutterte Backblech legen und im vorgewärmten Ofen bei milder Hitze (200° C) überbacken.

Frankfurter Toast

Toastbrot, Butter, 1 Frankfurter Würstchen, grüne Paprikaschote, 1 Käsescheibe.
Das Brot goldgelb toasten, dünn mit Butter bestreichen, Frankfurter Würstchen in drei Teile schneiden, auf den Toast legen, Paprikaschote in Streifen schneiden und diese zwischen die Wurststücke schieben. Aufs gebutterte Backblech legen und im vorgewärmten Ofen (200° C) so lange backen, bis die Wurst gut warm ist. Dann mit Käsescheibe bedecken und bei mittlerer Hitze weiter backen, bis der Käse zu schmelzen beginnt. Heiß servieren.

Bananen-Toast

Toastbrot, Butter, 1 Banane, Maraschino oder Cognac, 2 dünne Scheiben von rohem Schinken, 1 Käsescheibe.

Das Brot goldgelb toasten, dann dünn mit Butter bestreichen. Geschälte Banane der Länge nach halbieren, mit Maraschino oder Cognac beträufeln, jedes Bananenstück in Schinkenscheiben wickeln und auf das Brot legen (darauf achten, daß die Bananenröllchen nicht länger sind als das Brot), mit Käseschnitte bedecken, aufs gebutterte Backblech legen und im vorgewärmten Ofen bei starker Hitze (220° C) so lange backen, bis der Käse zu schmelzen beginnt. Heiß servieren.

Kaviar-Toast

Toastbrot, Butter, Kaviar, frische saftige Zitrone.

Das Brot goldgelb toasten, dünn mit Butter bestreichen, eine dünne Schicht Kaviar darauflegen, diesen mit geschälten, entkernten, hauchdünn geschnittenen Zitronenscheiben bedecken, darauf wiederum eine Schicht Kaviar streichen und nochmals mit Zitronenscheiben bedecken. Aufs gebutterte Backblech legen und im vorgewärmten Ofen bei milder Hitze (200° C) rasch backen. Sofort servieren.

Lachs-Toast

Toastbrot, Lachsscheiben aus der Dose, feingehackte Zwiebeln, Kapern.

Das Brot goldgelb toasten. Lachsscheiben aus der Dose nehmen, nicht abtropfen lassen, und auf das Brot legen. Feingehackte Zwiebeln mit

Kapern vermengen und den Toast dünn damit bestreichen. Aufs gebutterte Backblech legen und im vorgewärmten Ofen bei mittlerer Hitze (200° C) goldgelb überbacken.

Garnelen-Toast

Toastbrot, Garnelen aus der Dose, Mayonnaise, Zwiebelringe.

Das Brot goldgelb toasten. Garnelen aus der Dose nehmen, gut abtropfen lassen, zerkleinern und mit etwas Mayonnaise vermischen. Mit dieser Paste das Brot fingerdick bestreichen, mit dünn geschnittenen Zwiebelringen bedecken. Aufs gebutterte Backblech legen und im vorgewärmten Ofen bei mittlerer Hitze (200° C) so lange durchbacken, bis die Zwiebeln etwas Farbe bekommen. Sofort servieren.

Französischer Sardinen-Toast

Toastbrot, 2 Käsescheiben, Tomatenmark, 2 entgrätete Ölsardinen.

Brot hell toasten, eine Scheibe Käse darauflegen, mit Tomatenmark dünn bestreichen, zwei Ölsardinen nebeneinander darauflegen, und mit einer Scheibe Käse bedecken. Aufs gebutterte Backblech legen und im vorgewärmten Ofen bei mittlerer Hitze (200° C) backen, bis der Käse zu schmelzen beginnt. Sofort servieren.

Mittelmeer-Toast

Toastbrot, in Öl eingelegte Muscheln aus der Dose, weißer Pfeffer, geriebener Parmesan.

Das Brot goldgelb toasten. Muscheln aus der Dose nehmen, nicht abtropfen lassen und auf das Brot legen. Mit Pfeffer nach Geschmack würzen, mit Parmesan bestreuen, aufs gebutterte Backblech legen und im vorgewärmten Ofen bei milder Hitze (200° C) nur so lange überbacken, bis der Parmesan goldgelb wird.

Anchovis-Toast

Toastbrot, Butter, die Hälfte eines hartgekochten, der Länge nach halbierten Eis, Anchovisring, Mayonnaise, 1 dünne Käsescheibe.

Das Brot goldgelb toasten, mit Butter dünn bestreichen. Das Eigelb herausheben und an dessen Stelle einen Anchovisring legen. Die so gefüllte Eihälfte mit der Füllung nach unten auf die Toastschnitte legen, das Ei dünn mit Mayonnaise bestreichen, darauf eine Scheibe Käse legen. Auf dem gebutterten Backblech im vorgewärmten Ofen bei mittlerer Hitze (200° C) überbacken, bis der Käse zu schmelzen beginnt. Sofort servieren.

Nicht selten kommt es bei einer gutgelungenen Cocktail-Party vor, daß jemand über den Durst trinkt. Damit muß man als guter Gastgeber rechnen; man sollte aber vorgesorgt haben, um mit einer köstlichen natürlichen Medizin „Erste Hilfe" leisten zu können. Und dies ist eine ungarische Krautsuppe, bei uns *Korhely-Leves* (sprich: Korhey-Lewesch) – übersetzt Lumpen-Suppe – genannt. Sie bringt jeden durch Alkohol verstimmten Magen wieder in Ordnung. Allerdings ist davon abzuraten, nachher noch weiterzutrinken; ein Glas Bier dazu läßt sich noch verantworten. Damit endet dann die Party, und wohlerzogene Gäste nehmen Abschied.

Korhely-Leves / Lumpen-Suppe
Ungarische Kraut-Suppe
2 Pfd. Sauerkraut, 1 Mokkalöffel Kümmel, 50 g Pflanzenfett, 2 EL Mehl, 1 EL gewiegte Zwiebel, 1 TL edelsüßer Paprika, Salz, 3 Paar Debrecziner Würstchen, 1 Tasse saure Sahne.
Sauerkraut in 2 Liter Wasser und Kümmel garkochen. Aus Fett und Mehl eine helle Einbrenne machen, mit Zwiebeln und Paprika würzen und an die Suppe geben. Salzen und mit den in dünne Scheiben geschnittenen Debrecziner Würstchen noch 10 Minuten langsam kochen. Vor dem Servieren saure Sahne darunterrühren.
Man kann die Suppe bereits einen Tag vor der Party zubereiten; aufgewärmt schmeckt sie besser.

REGISTER

HEIMERANS KOCHBUCHREIHE FÜR GENIESSER
umfaßt jetzt über 50 Titel

Erfahrene Küchenmeister und einfallsreiche Gourmets haben diese Kochbücher geschrieben. Neben einer Fülle köstlicher Rezepte und wichtiger Ratschläge erfährt der Leser noch mancherlei aus Geschichte und Kulturgeschichte, von fremden Küchenbräuchen und Tafelsitten. Mit diesen anziehenden kleinen Kochbüchern kann man täglich praktisch kochen; man kann mit ihnen erst recht zauberhafte Überraschungen für Gäste bereiten, — und vor allem sind sie als apartes Geschenk stets willkommen.

Bitte bestellen Sie sich den neuen Prospekt über diese Reihe.